KLEINE TEXTE FÜR VORLESUNGEN UND ÜBUNGEN

BEGRÜNDET VON HANS LIETZMANN

HERAUSGEGEBEN VON KURT ALAND

——————— 183 ———————

LEONHARD HUTTER

COMPENDIUM
LOCORUM THEOLOGICORUM

HERAUSGEGEBEN

VON

WOLFGANG TRILLHAAS

VERLAG WALTER DE GRUYTER & CO.

BERLIN 1961

©

1961 by Walter de Gruyter & Co., vormals G. J. Göschen'sche Verlagshandlung · J. Guttentag,
Verlagsbuchhandlung · Georg Reimer · Karl J. Trübner · Veit & Comp.
Berlin W 30, Genthiner Straße 13

(Printed in Germany)

Archiv Nr. 33 32 61/183

Satz und Druck: Walter de Gruyter & Co., Berlin W 30

EINLEITUNG

Leonhard Hutter (oder Hütter), einer der ersten»Pfarrers-söhne« in der Geschichte des Protestantismus, wurde im Januar 1563 zu Nellingen bei Ulm geboren. Jugend und Schulzeit verbrachte er in Ulm, wohin sein Vater 1565 versetzt worden war. 1581 bezog er zum Studium zunächst der philologischen und philosophischen Fächer, dann aber vor allem der Theologie die Universität Straßburg. 1583 bereits zum Magister promoviert, blieb er dort zehn Jahre. Anschließend besuchte er noch die Universitäten Leipzig, Heidelberg und Jena, wo er sich 1594 durch eine Disputation über die Prädestination die theologische Doktorwürde erwarb und Privatvorlesungen hielt. 1596 folgte er einem Ruf als vierter ordentlicher Professor der Theologie an die Universität Wittenberg. Seit 1599 war er verheiratet, aber ohne Kinder. In Wittenberg entfaltete er im Kreise der Ägidius Hunnius, Polykarp Leyser, Balthasar Meisner u. a. eine intensive Tätigkeit als akademischer Lehrer und dogmatisch-polemischer Schriftsteller. Er war Assessor des Konsistoriums, Inspektor der kurfürstlichen Alumnen; viermal führte er das Rektorat der Universität. Mit der Feder ein streitbarer Wächter der lutherischen Orthodoxie gegen alle fremden Lehrmeinungen, Abschwächungen und Vermittlungen, war er doch persönlich ein Mann des Friedens, wohltätig, milde und unter den Amtsgenossen auf Ausgleich bedacht. Erst dreiundfünfzigjährig, erlag der »redonatus Lutherus«, wie man ihn in einem Anagramm auf seinen Namen nannte, am 23. Oktober 1616 zu Wittenberg einer Fieberepidemie.

Seine Orthodoxie wurde schon von den Zeitgenossen und dann über viele Geschlechter hin als exemplarisch empfunden. Sie war ganz wesentlich auf die Bewahrung des in der Augustana und der Concordienformel niedergelegten lutherischen Lehrbegriffes gerichtet. Hutter ist der klassische Repräsentant der Frühorthodoxie. Die begriffliche Klarheit und Prägnanz ist noch nicht systematisch überdehnt und in alle scholastischen Feinheiten getrieben. Seit seinem Frühwerk, der Analysis methodica articulorum Confessionis Augustanae (1594) kehrt er immer wieder in Disputationen und Auslegungen zur Augustana und zur Concordie zurück, so vor allem in dem ausführlichen Werk Libri Christianae Concordiae explicatio plana et perspicua (1608). Es ist hier nicht der Ort, Hutters Schriften vollständig aufzuzählen. Sie verdanken ihre Entstehung fast durchweg dem polemischen Bedürfnis. Der Concordia discors des Zürichers Rudolf Hospinian (1607) setzte er seine Concordia concors de origine et progressu Formulae Concordiae ecclesiarum Aug. Conf. (1614) entgegen, ein Werk, das über seine unmittelbare Zwecksetzung hinaus als einzigartige Quellensammlung zur Geschichte der F. C. bis heute von unschätzbarem historischen Wert ist. Auch sein größeres dogmatisches Werk, die allerdings erst nach seinem Tode veröffentlichten Loci communes theologici (1619), ist der Form nach eine Erklärung der Melanchthonischen Loci, gelehrt, scharfsinnig und weitschweifig, ständig auch damit beschäftigt, die theologischen Irrtümer des großen Lehrers zurechtzurücken.

Hutters Ruhm aber, der über die Jahrhunderte dauert, hat sein Compendium locorum theologicorum ex Scriptura S. et libro Concordiae collectum begründet. Es ist 1610 erstmals und dann immer wieder (1618, 1622, 1624, 1629 u. s. f.) bis in die Mitte des folgenden Jahrhunderts hinein neu aufgelegt worden. Es entstand auf Veranlassung des Kurfürsten Christian II. von Sachsen, der die Wittenberger Fakultät beauftragte, ein streng lutherisches Lehrbuch für den Gebrauch an den sächsischen Lehranstalten zu verfassen. Hutters Entwurf mußte sich erst durch die Zensur seiner eigenen wie der Leipziger Fakultät, ja auch der Lehrerkollegien der drei sächsischen Fürstenschulen durchsetzen und erschien dann, dementsprechend redigiert, aber auch nachdrücklich approbiert, mit kurfürstlichem Geleitbrief. Der in 34 Loci gelieferte Stoff ist in Frage- und Antwortform dargeboten. Während die Anfangsklassen nach Luthers Katechismus unterrichtet wurden, sollten die reiferen Schüler sich durch drei Altersklassen mit dem Compendium beschäftigen. Die erste Gruppe hatte sich die unbezeichneten Stücke anzuzeigen, die Fortgeschritteneren wurden durch ein Kreuz (†), die Vorgerückten mit einem Asteriscus (*) auf ihr spezielles Pensum hingewiesen. Auf die enge Anlehnung der Formulierung an die C. A., die F. C., an Luther und Melanchthon (ubi quidem ὀρθοδοξίαν ille tenuit), an M. Chemnitz und Ägidius Hunnius wird besonderer Bedacht genommen. Trotz der katechetischen Methode war das Compendium nun nicht gerade ein jugendgemäßes Buch, und es ist verständlich, wenn es (ähnlich wie Jahrhunderte später A. Ritschls Unterricht in der christlichen Religion, 1875) in seiner Bedeutung alsbald in den akademischen Lehrbetrieb hineinreichte. Dem Buche wuchs eine Autorität zu, welche, nicht ohne Absicht, den bis dahin wirksamen Einfluß Melanchthons in den Schatten stellte und über zwei Jahrhunderte in Kraft blieb. Es wurde grundlegend für akademische Vorträge und gelangte geradezu zu »einigem symbolischen Ansehen«. Der Text der nahezu unübersehbaren Auflagen blieb, zunächst wenigstens, fast unverändert. 1611 und 1613 wurde das Compendium ins Deutsche, 1618 bereits ins Schwedische übersetzt; die erste englische Ausgabe erschien 1868 für die lutherischen Kirchen Nordamerikas. Die Kommentare sind heute weithin kaum mehr greifbar; A. G. Hofmann zählt bis 1722 deren 17 namentlich auf. Das alles bezeichnet einen literarischen Siegeszug ohne gleichen. Dann aber fällt das Buch in einem veränderten Zeitalter ganz dem Vergessen anheim. Karl Aug. (v.) Hase hat in dem Titel seines dogmatischen Repertoriums für Studierende »Hutterus redivivus« (1829, 12. Aufl. 1883) noch einmal dem Namen des Vergessenen gehuldigt. Die letzte lateinische Ausgabe, freilich mit anderen dogmatischen Texten durchsetzt, veranstaltete August Twesten, Berlin 1855.

Dem folgenden Abdruck des Compendiums liegt der Text der Erstausgabe von 1610 zugrunde (Herzog-August-Bibliothek Wolfenbüttel, Sign. 764 Th.). Der Text ist auch hinsichtlich der Groß- und Kleinschreibung und der Interpunktion, vor allem auch in der Bezeichnung der drei Schwierigkeitsgrade bewahrt, nur wurden zur leichteren Lesbarkeit die Kürzungen, bes. am Ende der Worte (Kürzel) aufgelöst. Offensichtliche Fehler der Erstausgabe sind stillschweigend berichtigt und die in den Erstausgaben am Rande vermerkten Zitate jetzt im Apparat nachgewiesen. Abweichungen der 3. Auflage (1622) wurden im Apparat vermerkt, weil sie durchweg in die späteren Ausgaben übergegangen sind.

Die Ausgabe von 1610 weist folgende Anordnung auf: Lateinische Vorrede des Kurfürsten Christian II, Vorrede Hutters, ein griechisches Preisgedicht von Erasmus Schmidt auf die drei sächsischen Fürstenschulen, Inhaltsverzeichnis, Text der 34 Loci und schließlich eine Precatio, ex constitutione Ecclesiastica Electoris Augusti (1580). Die kurfürstliche Vorrede, das Preisgedicht und die Precatio wurden in die vorliegende Ausgabe nicht aufgenommen.

Literatur: J. S. Ersch u. J. G. Gruber, Allgemeine Enzyklopädie der Wissenschaften und Künste, 1818—1889, Sect. II, T. 13, 222—229 (A. G. Hoffmann); Allgemeine Deutsche Biographie XIII, 476—479 (Brecker); Realencyklopädie für protestantische Theologie und Kirche, 3. Aufl., VIII, 1900, 497—500 (Wagemann u. Joh. Kunze); Calwer Kirchenlexikon I, 904; Die Religion in Geschichte und Gegenwart, 2. Aufl. II, 2059 (Zscharnack); Evangelisches Kirchenlexikon II, 222; Die Religion in Geschichte und Gegenwart, 3. Aufl. III, 1959, 468 (Lau); Encyclopaedia Britannica XI, 946. Die zum Kompendium erschienenen Kommentare sind bei J. G. Walch, Bibliotheca Theologica Selecta, Jena 1757, T. I, S. 36 ff. in ihren Titeln aufgeführt. Über Hutter ferner: J. M. Schröckh, Christliche Kirchengeschichte seit der Reformation, Bd. IV, 1789, 439 ff.; A. Weyermann, Nachrichten von Gelehrten aus Ulm, 1798, 335—343; W. Gaß, Geschichte der protestantischen Dogmatik, Bd. I, 1854, 251—259; G. Frank, Geschichte der protestantischen Theologie, Bd. I, 1862, 330—332; I. A. Dorner, Geschichte der protestantischen Theologie, 1867, 530—531.

Den Bibliotheken in Göttingen und Wolfenbüttel danke ich für die bereitwillige Hilfe und Herrn Dr. H. Volz für guten Rat. Herr Pastor H.-L. Althaus hat sich um die Einrichtung des Textes zum Neudruck und um den Apparat verdient gemacht, Herr Assistent H.-W. Schütte hat die Korrekturen gelesen. Beiden sei herzlich gedankt.

W. Tr.

VERZEICHNIS DER ABKÜRZUNGEN

Abm	Hauptstück vom Abendmahl
Ap	Apologie der Confessio Augustana
AS	Schmalkaldische Artikel
Athn	Symbolum Athanasianum
BSLK	Die Bekenntnisschriften der evangelisch-lutherischen Kirche, hg. vom Deutschen Evangelischen Kirchenausschuß, 4. Aufl., Göttingen 1959.
CA	Confessio Augustana
CR	Corpus Reformatorum
CSEL	Corpus Scriptorum Ecclesiasticorum Latinorum
Ep	Epitome der Formula Concordiae
GK	Großer Katechismus Martin Luthers
KK	Kleiner Katechismus Martin Luthers
MSG	J. P. Migne, Patrologiae cursus completus, series graeca
MSL	J. P. Migne, Patrologiae cursus completus, series latina
SD	Solida Declaratio der Formula Concordiae
St. A.	Studienausgabe (Melanchthons Werke in Auswahl, hg. von R. Stupperich)
Summ. Begr.	Von dem summarischen Begriff (= Einleitung zu beiden Teilen der Formula Concordiae)
Tf	Hauptstück von der Taufe in Luthers Kleinem Katechismus
Vorr.	Vorrede
WA	M. Luther, Werke. Kritische Gesamtausgabe (»Weimarer Ausgabe«), 1883 ff.

Die Kreuze und Sternchen bei einzelnen Abschnitten im Text geben die Schwierigkeitsgrade wieder, welche schon in den ersten Ausgaben des Compendiums mit Rücksicht auf den beabsichtigten Gebrauch in den Schulen eingefügt waren. Vgl. hierüber die Einleitung.

Die Zitierung der Bekenntnisschriften (BSLK) erfolgt entgegen dem sonstigen Brauch nicht durch Angabe von Seite und Zeilen der Ausgabe des Kirchenausschusses, sondern durch Verweis auf die Periodenzählung des lateinischen Textes. Dieses Verfahren wurde deshalb vorgezogen, weil der Huttersche Text nur in seltenen Fällen wörtliche Zitate enthält. Häufig handelt es sich nur um Anklänge, um gleiche Begriffe, um Gedanken oder auch um verstümmelte Zitate.

COMPENDIUM

LOCORUM

THEOLOGICORUM

Ex Scripturis sacris, & libro Concordiae

Jussu & autoritate

SERENISS. ELECT. SAXONIAE

CHRISTIANI II. &c.

Collectum, & ab utraque Facultate Theologica
Lipsiensi & Wittebergensi approbatum.

In usum tum trium Scholarum Illustrium, tum reliquarum
trivialium in his regionibus

OPERA & STUDIO

LEONHARTI HUTTERI S. THEOL. D.
& Profess. in Academia Witteb. Ordinarii.

Cum Gratia & Privilegio

Elect. Saxon. Speciali.

(Wappen)

WITTEBERGAE

Prostat venale apud Paulum Helwigium Bibliop.

ANNO MDCX

BENEVOLO
LECTORI
S.

Nullum munus Reipublicae afferre vel majus vel melius possumus, quam si doceamus atque erudiamus juventutem, his praesertim moribus atque temporibus, quibus ita prolapsa est, ut omnium opibus frenanda atque coercenda sit: uti graviter censuit M. Tullius. Hujus autem informationis finis ac scopus praecipuus esse debet, PIETAS, sive vera, veri DEI agnitio. Quemadmodum enim inutilis est pietas, si scientiae discretione careat: ita nulla est scientia, si utilitatem pietatis non habeat: ut in moralibus scribit Gregorius. Caeterum ut finem ac scopum istum rite assequi valeamus: magna profecto circumspectione ac prudentia opus fuerit. Si enim, secundum illud Aristotelis responsum, tum demum discipuli in quolibet scientiarum genere quamplurimun proficiunt, quando tardiores gnaviter insequuntur praecedentes: et hi sequentes non morantur: utique summe necessarium fuerit, ut in provehendis discipulorum studiis, accuratum ingeniorum delectum Praeceptor instituat: et haud secus, atque agricola terrae, quam exculturus est, naturam: sic ipse unius cujusque adolescentis indolem ac ingenium probe cognoscat: neque promiscue omnibus eadem adhibeat.

Qua in parte, ut nos nostro etiam loco Praeceptorum studium aliquomodo sive juvaremus, sive sublevaremus: Compendium istud Locorum Theologicorum ita in lucem prodire voluimus: ut secundum tres distinctas Discipulorum classes, quarum una est, Incipientium, *altera* Proficientium, *tertia* Adultorum, *Quaestiones etiam trium distinctorum essent generum; ita ut* incipientibus *eae discendae proponerentur Quaestiones, quae nullum prorsus habent adjectum signum:* Proficientibus *vero eae, quae figura crucis † sunt notatae:* Adultis *denique, quae stellulam* praefixam habent. Hoc enim pacto neque incipientium rudiorumve tarditas, proficientibus et adultis: neque horum profectus et alacritas illis fraudi esse poterit.*

Caeterum qua potissimum Methodo, in colligendis disponendisque Locis istis usi simus, non est, Candide Lector, pluribus ut te moremur. Nos quidem minime fugit, nonnullos ad superstitionem usque de τάξει *sive Ordine Locorum Theologicorum esse sollicitos. Sunt enim, qui secundum distinctas*

*patefactiones et operationes Dei ad extra, seriem Articulorum
fidei adornandam esse autumant.* Sunt alii, qui diversitatem
subjectorum et objectorum, respectu tum Creatoris, tum crea-
turarum, stricte hac in parte et observandam et sequendam esse
statuunt. Sunt qui in perpetuas διχοτομίας universum systema
Religionis Christianae, anxie resolvere laborant. Sunt denique
alii, qui alio modo atque ordine, in disponendis Locis Theo-
logicis progrediendum esse censent.

Quorum sane studia etsi atro carbone neutiquam notata volumus: quin suo loco laudem atque commendationem mereri,
plane statuimus: in praesente tamen Compendiolo compilando,
nos simpliciorem Methodum, eam nimirum observavimus,
quam praeclarissimos Theologos alios, cumprimis D. PHI-
LIPPUM et Doct. IACOBUM HEERBRANDUM, secutos
esse novimus: imo quam ipsa Articulorum Fidei Natura mon-
strare videtur. Ea enim est ipsorum conditio, vel mutua potius
affectio, ut quemadmodum ansulae in catena quapiam cohae-
rent: ita in sacratissima scientia nostra Theologica, unus semper
Articulus alium et distinctum de se gignat: hic rursus alium, et
sic deinceps, donec integrum doctrinae Christianae corpus sive
systema perfectum absolutumque habeas. Et sane cum vix conve-
nientior ordo, pro Scholis trivialibus excogitari queat, quam qui ex
mutua Articulorum Fidei cognatione oritur: utique ab illo vel
tantillum hoc quidem tempore recedere, religio nobis fuit.

Sed neque illud te latere volumus, nos in perficiendo isto
labore illud quoque pensi habuisse, ut, sicubi Definitiones et
divisiones Locorum, ex Libellis Ecclesiarum nostrarum Sym-
bolicis peti non potuerunt: aliorum Theologorum, ut B. LU-
THERI, D. PHILIPPI *(ubi quidem ὀρθοδοξίαν ille tenuit)*
Doctoris MARTINI CHEMNITII, Doctoris AEGIDII
HUNNII verbis uteremur: in ipsa vero citatione paginarum
Libri Concordiae, eam Latinam Editionem sequeremur, quae
singulari Serensissimi Saxoniae Electoris, CHRISTIANI II.
mandato, in forma (uti loquuntur) octava, Anno 1602, Lipsiae
typis publicis est descripta. Quod nostrum studium Tibi
quoque, amice Lector, haud improbatum iri, confidimus.

Bene vale: et DEUM nobiscum serio precare, ut sacrosanc-
tum hoc, purioris et γνησίως Lutheranae Religionis depositum,
ad seram usque (si modo aliqua speranda est) posteritatem,
sartum tectumque propaget, asserat, tueatur. AMEN.

Leonhartus Hutterus D.

ELENCHUS

LOCORUM THEOLOGICORUM HOC LIBELLO CONTENTORUM

LOCUS PRIMUS
DE SCRIPTURA SACRA

1. Quid est Scriptura sacra ?

Est verbum DEI, impulsu Spiritus sancti a Prophetis et Apostolis literarum monumentis consignatum, de Essentia et Voluntate DEI nos instruens.† Et quidem generatim Scripturae sacrae appellatione, veniunt omnes libri Biblici: κατ' ἐξοχὴν autem hoc titulo eos libros denotamus, qui sunt Canonici: Unde et Scriptura ipsa dicitur Canonica. *Chemn. in Exam. Conc. Trid.*

† *2. Ergone Libri Biblici non sunt unius eiusdemque autoritatis ?*

Non: Alii enim sunt Canonici: Alii Apocryphi: quorum illi certam atque classicam habent autoritatem: hos vero quamvis Ecclesia legit ad aedificationem plebis: tamen ad confirmandam dogmatum Ecclesiasticorum autoritatem non adhibentur: uti loquitur B. Hieronymus. *Chemn.*

† *3. Cur dicuntur Canonici ?*

Sic dicuntur a Canone, quoniam sunt instar exactissimae trutinae atque regulae, secundum quam de reliquis omnium vel fidelium vel infidelium scriptis libere iudicatur: ipsam vero aliunde iudicari, minime fas est. *Chrysost. homil. 13. in 2. ad Cor.* Monstrat vero hanc appellationem ipsa Scriptura, Psal. 19, 15. Rom. 10, 18. Gal. 6, 16. Phil. 3, 16. *Chemnit.*

† *4. Unde vero Scriptura Canonica hanc habet autoritatem ?*

Ut Scriptura Canonica sit id, quod in seipsa est, nempe coelestis veritas, non habet nisi principaliter ex DEO ipso, eius Autore. 2. Timoth. 3, 16. 2. Pet. 1, 21.

Deinde vero DEUS ipse de hac autoritate Canonicae Scripturae testari voluit per Ecclesiam, non quidem quamlibet: sed eam duntaxat, quae fuit temporum eorum, quibus

---

10 Martin Chemnitz, Examen Concilii Tridentini, ed. Ed. Preuss, Berlin 1861, Sect. VI, 3, 52 A. **16** Sect. VI, 18, 57 A. **22** J. Chrysostomos, MSG 61, 489 ff.

Canonici Scriptores in carne vixerunt, propria: ita tamen ut
non Iudicis, sed testis tantummodo vicem ea sustineret.
Chemnit.

† *5. Qui sunt libri Apocryphi?*

5   Illi, quorum occulta origo non claruit illis, quorum testi-
ficatione autoritas verarum scripturarum ad nos pervenit.
Aug. lib. 15. de civit. DEI. cap. 23. *Chemnit.*

† *6. Suntne etiam aliae divisiones Scripturae sacrae?*

Sunt: Nam secundum diversa tempora, diversumque sta-
10 tum Ecclesiae, distinguuntur libri Biblici in libros Veteris et
Novi Testamenti. Sic secundum materiam subiectam distinguuntur in Legales, Prophetales, Evangelicos, etc.

7. *Estne Scriptura sacra dilucida et perspicua?*

Est maxime, praesertim in locis illis omnibus, quae de fide
15 ac iustificatione nostra coram DEO, aeternaque salute agunt.
Ps. 119, 105. *Lucerna pedibus meis verbum tuum Domine,
et lumen semitis meis.* 2. Pet. 1, 19. *Habemus firmiorem sermonem Propheticum, cui recte facitis attendentes, tanquam
lucernae in loco caliginoso lucenti.*

20 8. *Estne Scriptura Canonica plena et sufficiens quoad informationem*
tum Fidei, tum morum?

Est maxime: 2. Tim. 3, 16. et 17. *Omnis Scriptura* θεόπνευ-
στος *utilis est ad doctrinam, quae est in iustitia: ut perfectus
sit homo DEI, ad omne opus bonum perfecte instructus.* Et
25 praecedente versu 15. *Scripturae sacrae eruditum te possunt
reddere ad salutem per fidem, quae est in Christo Iesu.*

* 9. *Siccine ergo Scriptura Canonica erit etiam norma et Iudex contro-*
versiarum Ecclesiasticarum?

Unica norma et regula, secundum quam omnia dogmata,
30 omnesque Doctores aestimari et iudicari oportet, nulla omnino est alia, quam Prophetica et Apostolica scripta, cum
Veteris tum Novi testamenti: sicut scriptum est, Psal. 119,
105. *Lucerna pedibus meis verbum tuum, et lumen semitis*

---

3 Sect. VI, 3, 51 B.   **7** Sect. VI, 8, 54 A.   **29** Augustin,
CSEL 40, 2, 113 f.; MSL 41, 470. Chemnitz, Sect. VI, 20, 57 B.

meis. Et Gal. 1, 8. *Etiamsi Angelus de coelo aliud praedicet Evangelium, praeter id, quod annunciatum est, anathema sit.*

* 10. *Annon scripta Patrum et Neotericorum parem Scripturis sacris habent autoritatem?*

Reliqua sive Patrum sive Neotericorum scripta, quocun- 5
que veniant nomine, sacris literis nequaquam sunt aequi-
paranda: sed universa illis ita subiicienda, ut alia ratione non
recipiantur, nisi testium loco: qui doceant, quod etiam post
Apostolorum tempora, et in quibus partibus orbis, doctrina
illa Prophetarum et Apostolorum sincerior conservata sit. 10

* 11. *Quid statuis de Symbolis illis Oecumenicis sive Catholicis?*

Ea statuo breves quidem esse, sed maxime pias, atque in
verbo Dei solide fundatas confessiones fidei Christianae:
oppositas illis haereticis, qui partim Apostolis adhuc super-
stitibus, partim vero post ipsorum tempora sunt exorti. 15

* 12. *Quot sunt eiusmodi Symbola?*

Tria: Apostolicum: Nicenum: et Athanasianum.

* 13. *Agnoscuntne Ecclesiae nostrae plures libros Symbolicos?*

Utique agnoscunt: sed non nisi in eodem testimonii genere,
de doctrina suorum temporum: gradu tamen inferiore, quippe 20
minore seculorum consensu approbata.

* 14. *Quinam sunt libri illi Ecclesiarum nostrarum Symbolici?*

Sunt 1. Confessio Augustana, prima illa, minimeque mu-
tata, quae Anno 30, supra sesquimillesimum Imperatori
Carolo V. Augustae Vindelicorum fuit exhibita. 2. Eiusdem 25
Apologia. 3. Articuli Schmalkaldici. 4. Uterque Catechismus
Lutheri. 5. Et tandem Formula Christianae Concordiae.

* 15. *Paremne autoritatem omnia, quae hactenus enumerasti, scripta symbolica obtinent?*

Non: Longe enim majorem autoritatem obtinent ea, quae 30
unanimi totius Catholicae Ecclesiae consensu sunt approbata,

5ff. Ep. Summ. Begr. 1, S. 767; SD Summ. Begr. 3, S. 834. **12ff.** Ep.
Summ. Begr. 2, S. 767f. **19ff.** Ep. Summ. Begr. 4, S. 768; SD Summ.
Begr. 4, S. 834. **30ff.** Ep. Summ. Begr. 3, S. 768.

qualia sunt tria illa symbola Oecumenica: quam quae pau-
carum tantum quarundam particularium Ecclesiarum iudicio
et applausu sunt recepta. Quanquam in eo conveniunt sin-
gula, quod a Scripturis sacris magno differentiae gradu sunt
5 discernenda.

16. Quodnam est illud discrimen ?

Sola Scriptura sacra agnoscitur Iudex, regula et norma,
ad quam, ceu ad Lydium lapidem, omnia dogmata exigenda
et iudicanda sunt, an pia, an impia, an vera, an vero falsa
10 sint. Caetera autem Symbola, et alia scripta, non obtinent
autoritatem Iudicis: haec enim dignitas solis sacris literis
debetur.

17. Quis est ergo usus ac finis librorum istorum Symbolicorum ?

Is est, quod duntaxat pro religione nostra testimonium
15 dicunt, eamque explicant, ac ostendunt, quomodo singulis
temporibus, sacrae literae in articulis controversis, in Ecclesia
DEI, a Doctoribus, qui tum vixerunt, intellectae et expli-
catae fuerint: et quibus rationibus dogmata cum S. Scriptura pugnantia, reiecta et condemnata sint.

20   LOCUS SECUNDUS
                   DE DEO UNO ET TRINO

1. Quae est Fides Catholica de Deo ?

Fides Catholica haec est, ut unum DEUM in Trinitate: et
Trinitatem in unitate veneremur: neque confundentes per-
25 sonas, neque substantiam separantes. Alia enim est persona
Patris, alia Filii, alia Spiritus sancti: Sed Patris et Filii et
Spiritus sancti una est Divinitas, aequalis gloria, aeterna
maiestas.

2. Quid igitur est DEUS ?

30   DEUS est essentia spiritualis, intelligens, aeterna, verax,
bona, pura, iusta, misericors, liberrima, immensae potentiae
et sapientiae; Pater aeternus, qui Filium imaginem suam ab
aeterno genuit; et Filius imago Patris coaeterna: et Spiritus

---

7ff. ibd. 7, S. 768.   **23ff.** Athn. 3, S. 28.

sanctus procedens a Patre et Filio: sicut patefacta est divinitas certo verbo, et testimoniis divinis, quod Pater aeternus cum Filio et Spiritu sancto condiderit et conservet coelum et terram, et omnes creaturas, et adsit omnibus creaturis, quoad conservationem, et colligat sibi in genere humano Ecclesiam 5 propter Filium, et per eum, et sit Iudex iustorum et iniustorum. *Philip. in Exam.*

3. Proba unum esse Deum ?

Deuter. 6, v. 4. Marc. 12, v. 29. *Audi Israel, Dominus Deus noster Iehova unus est.* 10

Esa. 44, 6. *Ego primus et ego novissimus, et absque me non est Deus.* Et versu 8: *Numquid est Deus praeter me?*

1. Cor. 8, 6: *Nullus est Deus alius, nisi unus. Nam etsi sunt, qui dicuntur Dii, sive in coelo, sive in terra: siquidem sunt Dii multi et Domini multi: Nobis tamen unus est Deus* 15 *Pater, ex quo omnia, et nos in ipsum.*

† 4. Annon tres sunt Dii, siquidem Pater est Deus, et Filius est Deus, et Spiritus sanctus est Deus ?

Pater quidem est Deus, Filius est Deus, Spiritus sanctus est Deus, personaliter sumto vocabulo Dei: et tamen non 20 tres sunt Dii: sed unus est Deus, essentialiter accepto vocabulo Dei. Sic Pater est Dominus, Filius est Dominus, Spiritus sanctus est Dominus: Et tamen non tres Domini, sed unus est Dominus. Quia sicut singulatim unamquamque personam Deum ac Dominum confiteri, Christiana veritate compelli- 25 mur: Ita tres Deos aut tres Dominos dicere, Catholica religione prohibemur.

5. Quot sunt Personae Divinitatis ?

Tres: Pater, qui a nullo est factus, nec creatus, nec genitus: Filius, qui a solo Patre est: non factus, nec creatus, sed ab 30 aeterno genitus: Spiritus Sanctus, qui est a Patre et Filio: non factus, nec creatus, nec genitus: sed procedens. Et hae tres Personae eiusdem sunt Essentiae, et potentiae, et coaeternae.

---

7 Ph. Melanchthon, Examen Ordinandorum, CR XXIII, 2; vgl. auch Loci, St. A. II, 1 S. 177, 16ff. **19ff.** Athn. 15ff. S. 29. **29ff.** ibd. 20ff.; CA I, 3, S. 50; AS: A, Iff., S. 414.

† 6. Proba Trinitatem ex Scriptura?

Psal. 33, 6. *Verbo domini coeli firmati sunt, et Spiritu oris eius, omnis exercitus eorum.*
Matth. 28, 19. *Euntes, docete omnes gentes, baptizantes eos*
5 *in nomine Patris et Filii et Spiritus Sancti.*
1. Ioh. 5, 7. *Tres sunt, qui testimonium perhibent in coelo, Pater, Verbum, et Spiritus Sanctus. Et hi Tres unum sunt.*

7. Quid est Deus Pater?

Pater est prima persona Divinitatis, non genita, neque
10 procedens: sed quae ab aeterno genuit Filium, imaginem sui,
creans, sustentans, conservans, et gubernans universa, visibilia et invisibilia, Angelos et homines, cum Filio et Spiritu
sancto: mittens Filium redemtorem, et Spiritum sanctum
sanctificatorem.

15 ### 8. Quid est Deus Filius?

Filius est secunda persona Divinitatis, non creata ex nihilo:
sed ab aeterno genita a Patre, imago Patris et splendor gloriae eius: per quem Pater creavit, sustentat, conservat et
gubernat universa, visibilia et invisibilia, coelum et terram,
20 Angelos et Homines, in Spiritu sancto: missa a Patre in
mundum, ut per assumtam humanam naturam opus redemtionis perficeret.

9. Quid est Deus Spiritus sanctus?

Spiritus sanctus est tertia persona Divinitatis, non facta,
25 nec creata; nec genita: sed a Patre et Filio ab aeterno procedens, in qua Pater per Filium creavit universa, visibilia et
invisibilia, Angelos et Homines, creataque sustentat, conservat ac gubernat: missa a Patre per Filium visibili specie
super Apostolos: quaeque hodie mittitur invisibiliter a Patre
30 per Filium in corda credentium, ut ea sanctificet per verbum
et Sacramenta.

* 10. Quid significant vocabula Personae et Essentiae in hoc articulo?

Vocabulum personae significat non partem, aut qualitatem
in alio: sed quod proprie subsistit: Vel: Persona est sub-

9ff. M. Chemnitz, Loci Theologici, Frankfurt & Wittenberg 1690,
Pars I, 42. **16ff.** ibd. **24ff.** ibd. S. 42f. **33ff.** CA I, S. 50;
Melanchthon, Examen, CR XXIII, 2f.

sistens vivum, individuum, intelligens, incommunicabile, non sustentatum ab alio. Graece ὑφιστάμενον. Essentia vero nominatur, quod revera est, etiamsi est communicatum. *Phil. in Exam.*

11. Cum de Divinitate Patris nunquam sit dubitatum: de Divinitate 5
autem Filii subsequens locus sit acturus, velim hoc loco demonstres
Spiritum sanctum esse verum Deum?

Constat illud ex Scripturis sacris multipliciter.

Primum enim Spiritui sancto tribuitur magnum illud nomen IEHOVAH, quod soli et uno DEO per essentiam com- 10
petit. Siquidem Spiritus sanctus est ille Iehovah, qui per Prophetas locutus est: Numer. 12, 6. Actor. 1, 16. Hebr. 3, 7. 2. Petr. 1, 21.

Deinde Spiritus sanctus expressis verbis DEUS nominatur, Actor. 5, 3. et 4., ubi D. Petrus Ananiam sic compellat: *Cur* 15
Satanas implevit cor tuum, ut mentireris Spiritui sancto? Non
es mentitus hominibus, sed DEO. Sic D. Paulus 1. Cor. 3, 16. *Nescitis quia templum DEI estis? Spiritus enim DEI habitat in vobis.*

Tandem assignantur Spiritui sancto Essentialia illa ἰδιώμα- 20
τα sive proprietates, quae soli DEO competunt: Quales sunt:

1. Aeternitas. Hebr. 9, 14. *Quanto magis sanguis Christi, qui per AETERNUM SPIRITUM semetipsum obtulit.*

2. Omniscientia. Johan. 14, 26. *Paracletus Spiritus sanctus, quem Pater mittet in nomine meo, ille vos docebit OMNIA, et* 25
suggeret vobis OMNIA, quaecunque dixero vobis. 1. Cor. 2, 10. et 11. *Spiritus omnia scrutatur; etiam profunditates DEI: et quae DEI sunt, nemo cognovit, nisi Spiritus DEI.*

3. Omnipotentia: Sap. 7, 22. *Est in ea Spiritus sanctus, Spiritus omnipotens, omnia prospiciens, etc.* 1. Cor. 12, 6. 30
Idem spiritus, qui operatur omnia in omnibus.

4. Infinitas. Psal. 139, 7. *Quo ibo a Spiritu tuo?* Sap. 1, 7. *Spiritus Domini replevit orbem terrarum.*

5. Veritas. 1. Joh. 5, 6. *Spiritus est, qui testificatur: quoniam Spiritus est VERITAS.* 35

6. Cultus adorationis. Nam D. Paulo teste, beati Angeli, Spiritum etiam sanctum, religiosissima veneratione prose-quuntur: concinentes: *Sanctus, sanctus, sanctus Dominus DEUS ZEBAOTH.* Esa. 6, 3. et Act. 28, 25.

---

10 Ausgabe 1622: et uni Deo.

7. Creatio et conservatio rerum creatarum omnium. Ps.
33, 6. *Verbo Domini coeli firmati sunt: et Spiritu oris ipsius,*
omnis exercitus eorum.

Tandem vivificatio, Regeneratio, Sanctificatio, et id genus
5 opera alia non nisi divinae naturae propria:

Joh. 3, 5. Matth. 12, 28. 1. Cor. 3, 16. D. Hunn. in Art.
de S. Trinit.

LOCUS TERTIUS
DE DUABUS NATURIS

10 EARUNDEMQUE HYPOSTATICA UNIONE IN UNA PERSONA
CHRISTI SERVATORIS

1. Quid est Christus?

Christus est secunda persona Divinitatis, Filius nempe
DEI, DEUS ex substantia Patris ante secula genitus: et
15 HOMO ex substantia matris in seculo natus.

2. Cur Christus appellatur Iesus sive Salvator?

Respondet Angelus, Matth. 1, 21. *Vocabis nomen eius*
Iesum: ipse enim salvum faciet populum suum, a peccatis suis.

3. Cur vocatur Christus?

20 Quia secundum humanam naturam inunctus est infinita
plenitudine Spiritus sancti.

Psal. 45, 8. *Unxit te DEUS, o DEUS, oleo laetitiae prae con-*
sortibus tuis. Id quod ad Christum accommodat Epistola ad
Hebraeos: cap. 1, 8.

25 ### † *4. Ergone statuis in Christo duas esse Naturas?*

Utique: postquam enim Filius DEI in plenitudine temporis,
factus est homo, iam in una illa indivisa persona Christi,
duae sunt distinctae naturae: DIVINA videlicet, quae ab
aeterno est: et HUMANA, quae in tempore assumta est, in
30 unitatem personae Filii DEI. Et hae duae naturae in persona
Christi nunquam vel separantur, vel confunduntur, vel altera

---

in alteram mutatur: sed utraque in sua natura et substantia
seu essentia (in persona Christi) in omnem aeternitatem permanet.

* 5. *Unde probas Christum esse verum Deum ?*

Probo illud initio inde, quod ipsi in sacris tribuitur Essen- 5
tiale DEI nomen, et vocatur IEHOVA. Ierem. 23, 6. *Hoc est
nomen, quo vocabunt eum, Iehovah iustitia nostra.*

Deinde expresse nominatur DEUS: Ioh. 20, 28. ubi Thomas
ad Christum: *Dominus meus, et DEUS meus.*

Et Paulus Rom. 9, 5. *Christus*, inquit, *est e Patribus secun-* 10
dum carnem, qui est DEUS benedictus in secula.

Tandem non modo Religiosa Adoratio: sed et ea opera
Christo in scripturis assignantur, quae nulli prorsus creaturae,
sed soli DEO competunt.

Psal. 97, 7. *Adorate eum omnes Angeli eius:* id quod Epis- 15
tola ad Hebraeos, de Christo intelligendum esse, testatur:
cap. 1. 6. Ioh. 1, 1. et 2. *In principio erat Verbum, et Verbum
erat apud DEUM, et DEUS erat Verbum: Hoc erat in principio
apud DEUM, omnia per ipsum facta sunt: et sine ipso factum
est nihil, quod factum est.* 20

† *6. Anne veram humanam naturam nostrae* ὁμούσιον *assumsit Filius Dei ?*

Omnino, excepto solo peccato: Ideoque nostrae etiam
Ecclesiae constanter repudiant et damnant illud dogma, quo
docetur, quod Christus non veram humanam naturam, anima
rationali et corpore constantem habuerit, uti Marcion 25
finxit.

Ioh. 1, 14. *Verbum* CARO *factum est.*

Gal. 4, 4. *Ubi venit plenitudo temporis, misit DEUS Filium
suum, factum ex muliere.*

Heb. 2, 14. *Quemadmodum pueri communicaverunt carni* 30
et sanguini: sic ipse quoque participavit iisdem.

Et versu 16. *Nusquam Angelos assumsit: sed semen Abrahae assumsit.*

Ioh. 10, 18. *Nemo tollit* ANIMAM *meam a me: sed ego pono
eam a me ipso.* 35

Matth. 26, 38. *Tristis est* ANIMA *mea usque ad mortem.*

---

5 ff. Aeg. Hunnius, Opera, Tom. I, 98C, D, Wittenberg 1607
Joh. 20, 28. **22 ff.** Ep. VIII, 23, S. 809; Athn. 30, S. 29.

Luc. 23, 46. *Pater, in manus tuas commendo* SPIRITUM
MEUM: *Et haec dicens, emisit Spiritum.* Matth. 27, 50.

Symb. Athan. *Perfectus* DEUS, *perfectus homo, ex anima
rationali, et humana carne subsistens.*

5   * 7. *Quomodo Filius Dei factus est Homo?*

Filius DEI ita factus est homo, ut a Spiritu sancto sine
virili opera conciperetur, et ex Maria, pura sanctaque semper
virgine nasceretur.

* 8. *Si duae integrae naturae sunt in Christo, annon duas etiam in ipso*
10   *personas, et sic duos Christos esse admittis?*

Minime vero: Nam post factam incarnationem, non quae-
libet natura in Christo, per se ita subsistit, ut utraque sit
persona separata, aut, quod utraque personam singularem
constituat: sed ita duae naturae sunt unitae, ut
15 unicam tantum personam constituant: in qua simul personaliter ambae, divina et humana natura, unitae sint et
subsistant: ita quidem, ut iam post incarnationem, ad integram Christi personam, non modo divina, sed etiam assumta
humana natura pertineat: et persona Filii DEI INCARNATI,
20 uti sine divinitate sua, ita etiam sine humanitate sua, non
sit integra persona. Nam sicut anima rationalis et caro, unus
est homo: Ita DEUS et homo unus est Christus.

† 9. *Qualis est haec unio duarum Naturarum in Christo?*

Unio haec, non est talis copulatio, aut combinatio, cuius
25 ratione neutra natura cum altera personaliter, hoc est, propter unionem personalem, quicquam commune habeat: qualis
combinatio fit, cum duo asseres conglutinantur: ubi neuter
alteri quicquam confert, aut aliquid ab altero accipit. Hic enim
Nestorii et Samosateni error est, et haeresis, qui docuerunt: δύο
30 φύσεις διηρημένως ἐχούσας, καὶ ἀκοινωνήτους πρὸς ἑαυτὰς
παντάπασιν: hoc est, duas naturas, separatim seu seorsim se
habentes, et omnimodo ad se invicem incommunicabiles esse.

6ff. AS: A, I ff., S. 414.   **11ff.** SD VIII, 11, S. 1020.   **19ff.** Athn.
30ff, S. 29f.   **24ff.** Ep.VIII, 9, S. 806.   **27ff.** SD VIII, 15,
S. 1021.

Hoc falso dogmate naturae separantur, et duo Christi finguntur: quorum unus sit Christus: alter vero DEUS λόγος, qui in Christo habitet.

† *10. Quid ergo est Unio personalis?*

Est summa communio, qua divina et humana naturae, in una persona Christi, ita sunt unitae, ut veram inter se communicationem habeant: ex qua totum illud promanat, quicquid humani de DEO, et quicquid divini de homine Christo dicitur et creditur.

* *11. Uniusne generis sunt, quae ex hac unione promanant?*

Non: sed in duo genera distingui possunt et debent, quae ex Unione hac tanquam Effectus consequuntur: quorum prius nominatur arctissima Naturarum ad se invicem κοινωνία sive communicatio: posterius vero ipsarum quoque proprietatum sive Idiomatum utriusque naturae vera ac realis communicatio.

De singulis seorsim agemus:

* *12. Quomodo se habet communicatio Naturarum?*

Communicatio naturarum ita se habet, quod DEUS vere est homo, et quod Homo iste vere est DEUS: id quod nequaquam ita se haberet, si divina et humana natura, prorsus inter se, nihil revera et reipsa communicarent. Quomodo enim Homo Mariae Filius, DEUS aut Filius DEI altissimi vere appellari posset, aut esset, si ipsius humanitas cum Filio DEI non esset personaliter unita: atque ita realiter, hoc est, vere et reipsa, nihil prorsus, excepto solo nudo nomine, cum ipso commune haberet?

* *13. Anne vero Scriptura etiam sic loqui solet?*

Omnino. Ierem. 23, 5. et cap. 33, 15. *Germen Davidis est Iehovah.*
Matth. 16, 16. *Filius hominis est Filius DEI altissimi.*
Matth. 22, 43. *Filius Davidis est Dominus Davidis.*
Luc. 1, 32. *Quod natum est ex Maria virgine, est Filius altissimi.*

5ff. Ep. VIII, 9, S. 806; SD VIII, 17, S. 1022; Z. 5 1622: natura. **11ff.** SD VIII, 23, S. 1024. **18ff.** Ep. VIII, 10f., S. 806.

Rom. 1, 3. *Filius Dei ex semine Davidis.*

1. Cor. 15, 47. *Secundus homo est Dominus de coelo.*

Unde recte colligit Formula Concordiae, quod virgo Maria, non nudum aut merum hominem duntaxat, sed verum DEI
5 Filium conceperit et genuerit: ac proinde recte Mater DEI appelletur, et revera sit.

† *14. Ut ad communicationem Idiomatum accessum faciamus: prius scire cupio, quaenam sint Idiomata divinae naturae?*

Idiomata sive proprietates divinae naturae sunt, esse om-
10 nipotentem, aeternum, infinitum, et secundum naturae naturalisque suae essentiae proprietatem, per se ubique praesentem esse, omnia novisse, etc. Haec omnia neque sunt, neque fiunt humanae naturae proprietates.

* *15. Quaenam censes esse Idiomata humanae naturae?*

15 Humanae naturae Idiomata sive proprietates sunt: corpoream esse creaturam, constantem carne et sanguine, finitam et circumscriptam, pati, mori, ascendere, descendere, de loco ad locum moveri, esurire, sitire, algere, aestu affligi: et si quae sunt similia. Haec neque sunt neque unquam fiunt
20 proprietates divinae naturae.

* *16. Quaenam et qualis Idiomatum istorum statuenda est communicatio?*

Non certe Essentialis sive Physica, quippe quae nihil est aliud, quam proprietatum transfusio, Eutychianam naturarum exaequationem inducens.

25   * *17. Qualis ergo?*

Talis statuenda est Idiomatum communicatio, qualis in Scripturis describitur: nempe vera sive realis communicatio, quae ex personali naturarum in CHRISTO unione et communicatione resultat: de qua Apostolus Coloss. 2, 9. *In Christo*
30 *inhabitat omnis plenitudo Divinitatis CORPORALITER:* hoc est, in assumta carne, tanquam in proprio suo templo, uti explicat Athanasius.

3ff. Ep. VIII, 12, S. 806.   **9ff.** Ep. VIII, 7, S. 805.   **15ff.** Ep. VIII, 8, S. 805.   **22ff.** Ep. VIII, 18, S. 808f.

* *18. Velim communicationis Idiomatum firma et indubia monstres fundamenta ?*

Quod haec communicatio non tantum quasi per phrasin aut modum loquendi dicta, sed vere ac realiter sit intelligenda, tribus firmissimis argumentis demonstrari potest.   5

* *19. Cedo primum ?*

Primo extat regula communissima, maximo totius Ecclesiae Orthodoxae consensu approbata: videlicet: *Quaecunque Scriptura Christum in tempore accepisse affirmat, ea non secundum divinitatem accepit: secundum quam omnia ab*   10 *aeterno possidet: sed persona Christi ratione et respectu humanae naturae ea in tempore accepit.*

* *20. Quod est alterum ?*

Deinde Scriptura luculenter testatur quod virtus vivificandi, et potestas exercendi iudicii, Christo data sit, prop-   15 terea quia filius hominis est: quatenus videlicet carnem et sanguinem habet.

* *21. Da tertium ?*

Postremo Scriptura in hoc negotio non tantum in genere Filii hominis mentionem facit, sed quasi digitum in assum-   20 tam humanam naturam intendit, cum inquit: Sᴀɴɢᴜɪs *Iesu Christi Filii Dei emundat nos ab omni peccato.*

* *22. Quomodo hoc intelligendum est ?*

Non tantum de merito sanguinis Christi, in cruce semel peracto, accipiendum hoc est: sed Iohannes eo loco de ea re   25 agit, quod in negotio iustificationis non tantum divina natura in Christo, verum etiam ipsius sanguis, per modum efficaciae nos ab omni peccato emundet. Ita caro Christi est vivificus cibus.

* *23. Estne realis haec Idiomatum communicatio unius generis ?*   30

Non: sed tria distincta dantur in Scripturis communicationis huius genera: quorum

---

3ff. SD VIII, 56, S. 1034f.   **7ff.** SD VIII, 57, S. 1035.
14ff. SD VIII, 58, S. 1035; Joh. 5, 21, 27; 6, 39f., 54.   **19ff.** SD
VIII, 59, S. 1035.   **21** 1. Joh. 1, 7 = (Lc III, 22) SD VIII, 59, S. 1035.

PRIMUM est, quando ea, quae unius tantum naturae propria sunt, alteri naturae non seorsim, quasi separatae: sed
toti personae, quae simul DEUS et Homo est, attribuuntur,
sive DEUS, sive homo nominetur: ita tamen, ut distincte
5 declaretur, sedundum quam naturam aliquid toti personae
adscribatur.

* *24. Velim audire primi huius generis exempla ex sacris?*

Rom. I, 3. *Filius* DEI *genitus ex semine Davidis secundum*
carnem.
10 Luc. I, 35. *Filius* DEI *natus ex Maria virgine.*

Quo pertinent ea quoque Scripturarum testimonia, quae
ostendunt, Filium DEI assumendo humanam naturam, simul
omnia istius Idiomata assumsisse, sibique realiter appro-
priasse. Quo respectu in Scripturis de Filio DEI enunciantur,
15 quae humanitatis sunt propria.

Actor. 20, 28. DEUS PROPRIO SANGUINE *redemit Ecclesiam.*
Gal. 2, 20. *Filius* DEI *tradidit semetipsum pro me.*
Rom. 8, 32. DEUS *proprio Filio non pepercit, sed pro nobis*
omnibus tradidit illum.
20 Gal. 4, 4. *Filius* DEI *factus ex muliere.*
I. Joh. I, I. *Verbum vitae oculis conspectum, manibus est*
contrectatum.

* *25. Quod est alterum Genus Communicationis Idiomatum?*

Alterum genus concernit rationes officii Christi, ubi per-
25 sona non agit aut operatur, in sive cum una, vel per unam
naturam tantum: sed potius in, cum et secundum, atque per
utramque naturam: vel, ut Concilium Chalcedonense loquitur: *Una natura agit seu operatur, cum communicatione alterius*
quod uniuscuiusque proprium est.

30 * *26. Quaenam propositiones in sacris ad genus hoc pertinent?*

Eae, quae affirmant, quod Christus sit noster mediator,
redemtor, rex, summus Pontifex, caput, Pastor etc., non
secundum unam tantum naturam, sive divinam, sive humanam, sed secundum utramque naturam.

1ff. SD VIII, 36, S. 1028.   8ff. SD VIII, 37, S. 1028.   24ff. SD
VIII, 46, S. 1031 = (Lc III, 26) SD VIII, 47, S. 1031.

* 27. *Confirma hoc ex Scripturis?*

Scriptura certe Christum iam secundum divinam, iam secundum humanam naturam, Mediatorem nostrum esse affirmat: ut ostendat opus Mediationis, Christo secundum utramque naturam competere, ut:

Ier. 23, 6. et 33, 16. *Iehovah Iustitia nostra.*

1. Ioh. 3, 8. *In hoc apparuit Filius Dei, ut dissolvat opera Diaboli.*

Gen. 3, 15. *Semen mulieris conteret caput serpentis.*

Luc. 9, 56. *Filius hominis non venit animas perdere, sed salvare.*

1. Tim. 2, 5. *Unus Deus, et unus Mediator Dei et hominum, homo Christus Iesus, qui dedit pretium redemtionis semetipsum pro omnibus.*

* 28. *Quodnam est tertium Genus communicationis Idiomatum?*

Tertium genus eas scripturarum praedicationes considerat, quae praeclare testantur, quod humana natura in Christo, ideo quod cum divina natura personaliter unita est, praeter et supra naturales, essentiales, atque in ipsa permanentes humanas proprietates, etiam singulares, excellentissimas, maximas, supernaturales, impervestigabiles, ineffabiles, atque coelestes praerogativas maiestatis et gloriae, virtutis et potentiae divinae super omne, quod nominatur, non solum in hoc seculo, sed etiam in futuro, acceperit.

* 29. *Deprome ex scripturis perspicua testimonia, quibus hoc ipsum confirmes?*

Matth. 11, 27. *Omnia mihi tradita sunt a patre meo.*

Matth. 28, 18. *Data est mihi omnis potestas in coelo et in terra.*

Ioh. 3, 34. *Pater dedit Filio Spiritum, non ad mensuram.*

Ioh. 5, 27. *Pater potestatem dedit Filio, iudicium facere: Quia Filius Hominis est.*

Eph. 1, 20. *Deus suscitavit Iesum Christum a mortuis, et constituit ad dextram suam in coelestibus, super omnem principatum et potestatem, et virtutem, et dominationem, et omne nomen, quod nominatur, non solum in hoc seculo, sed et in futuro.*

16ff. SD VIII, 51, S. 1032f. **27ff.** SD VIII, 55, S. 1034; Z. 33 Eph. 1, 20f. = (Lc III, 30) SD VIII, 64, S. 1038.

Dan. 7, 13. et 14. *Aspiciebam in visione noctis, et ecce, cum nubibus coeli, quasi Filius Hominis veniebat, et usque ad Antiquum dierum pervenit, et in conspectu eius obtulerunt eum: Et dedit ei potestatem, et honorem, et regnum: et omnes populi,* 5 *tribus, et linguae ipsi servient: potestas eius, potestas aeterna, quae non auferetur, et regnum eius, quod non corrumpetur.*

* 30. Qualis est haec communicatio?

Est vera ac Realis, qua humana in Christo natura, Maiestatem divinam accepit, secundum rationem hypostaticae Unio-
10 nis. Nam cum tota divinitatis plenitudo in Christo habitet, non quemadmodum in sanctis hominibus et angelis; sed corporaliter, ut in PROPRIO SUO CORPORE: hinc adeo fit, ut haec Humana natura, omni Maiestate, virtute et gloria divina sit vere ac realiter instructa: et λόγος sive Filius DEI liber-
15 rime in ea, cum ea, et per eam, divinam suam virtutem, Maiestatem et efficaciam exerceat, operetur et perficiat.

* 31. Annon Scriptura Sacra in specie exprimit Divina quaedam Idiomata, quae vel maxime in et per assumptam humanitatem eluceant?

Utique: Etsi enim *tota plenitudo Divinitatis in assumta* 20 *humana natura habitat, tanquam in proprio suo templo:* Coloss. 2, 9.: tamen Scriptura in specie notat quaedam divina Idiomata, quae per humanam naturam, vel maxime suas edunt operationes: Qualia sunt:

I. OMNIPOTENTIA: Matth. 28, 18. *Data est mihi omnis* 25 *potestas in coelo et in terra. Hebr. 2, 8. Omnia subiecisti sub pedibus eius: in eo enim quod omnia ei subiecit, nihil omisit, quod ei subiectum non sit.*

II. OMNISCIENTIA: Col. 2, 3. *In Christo sunt absconditi omnes thesauri sapientiae et scientiae. Ioh. 2, 25. Non opus* 30 *erat, ut quis testimonium perhiberet de homine: ipse enim sciebat, quid esset in homine.*

III. VIS VIVIFICANDI: Ioh. 6, 51. *Ego sum panis vivus, qui de coelo descendit: si quis manducaverit ex hoc pane, vivet in aeternum: et panis quem ego dabo, caro mea est, quam ego* 35 *dabo pro mundi vita.* 1. Cor. 15, 45. *Primus Homo Adam factus est in Animam viventem: novissimus Adam in spiritum vivificantem.*

19ff. SD VIII, 66ff, S. 1039f.

IV. Potestas remittendi peccata, et iudicii faciendi:
Matth. 9, 6. Marc. 2, 10. Luc. 5, 24. *Filius Hominis habet
potestatem in terra dimittendi peccata.* Ioh. 5, 27. *Pater dedit
potestatem Filio, iudicium facere, quatenus Filius hominis est.*

V. Cultus adorationis: Phil. 2, 9. et 10. *Deus exal-
tavit Christum, et donavit illi nomen, quod est super omne
nomen, ut in nomine Iesu flectatur omne genu coelestium,
terrestrium et inferorum: et omnis lingua confiteatur, quod
Dominus sit Iesus Christus, in gloriam Dei patris.* Hebr. 1, 6.
Adorent eum omnes Angeli Dei.

VI. Omnipraesentia: Matth. 18, 20. *Ubi duo aut tres
congregati fuerint in nomine meo, ibi sum in medio eorum.*
Matth. 28, 20. *Ecce ego sum vobiscum omnibus diebus, usque
ad consummationem seculi.* Ephes. 1, 22. *Omnia subiecit sub
pedibus eius: et ipsum dedit caput super omnia ipsi Ecclesiae,
quae est corpus ipsius, et plenitudo eius, qui omnia in omnibus adimplet.* Ephes. 4, 10. *Qui descendit, ipse est et qui
ascendit super omnes coelos, ut adimpleret omnia.*

* *32. Anne vero Christus secundum humanam naturam semper exercuit
et usurpavit communicatam hanc divinam Maiestatem?*

Etsi communicatam divinam Maiestatem, Christus secundum assumtam humanam naturam, in sua statim concep-
tione, et in utero matris habuit: neque unquam eam amisit
aut deposuit: tamen, ut Apostolus loquitur, *seipsum exina-
nivit,* eamque, ut D. Lutherus docet, in statu suae humilia-
tionis secreto habuit, neque eam semper, sed quoties ipsi
visum fuit, usurpavit.

* *33. Num vero Christus iam quoque hoc Exinanitionis statu uti solet?*

Non: postquam enim iam non communi ratione, ut alius
quispiam Sanctus in coelos ascendit, sed, ut Apostolus testatur, super omnes coelos ascendit, ut omnia impleret: ideoque
iam ubique non tantum ut Deus, verum etiam ut homo,
praesens dominatur et regnat a mari ad mare, et usque ad
terminos terrae: quemadmodum olim Prophetae de ipso sunt
vaticinati: et Apostoli testantur, quod Christus ipsis ubique
cooperatus sit. Marc. 16, 20.

21ff. SD VIII, 26, S. 1025.   **25** Phil. 2, 7; WA LIV, 50, 8.
29ff. SD VIII, 27, S. 1025; Eph. 4, 10.

*34. *Videtur obstare assertioni huic illud, quod Christus ascendit in coelum, et consedit ad dextram DEI Patris ?*

Neutiquam vero. Nam Christus ascendit in coelos, UT SEDEAT ad dextram patris, et perpetuo regnet, et dominetur
5 OMNIBUS CREATURIS; et id quidem (ut D. Lutherus loquitur) pro modo et ratione dexterae DEI: quae non est certus aliquis et circumscriptus in coelo locus: sed est ipsa omnipotens DEI virtus, quae coelum et terram implet: in cuius possessionem Christus, secundam humanitatem suam, realiter sive revera
10 venit.

35. Num quid porro in Christo considerandum venit ?

Cum personam Christi hactenus consideraverimus: restat ut de ipsius etiam officio videamus: Quod est geminum: Regium videlicet et Sacerdotale.

15   † *36. Quod est officium Christi Sacerdotale ?*

Est, quo seipsum pro totius Mundi peccatis, et quidem non tantum pro culpa originis, sed etiam pro omnibus actualibus hominum peccatis, tanquam hostiam DEO patri obtulit: nos-que ab omni et peccati, et mortis, ac Diaboli captivitate, in
20 libertatem adoptionis suae asseruit.
    Hebr. 9, 12. *Christus non per sanguinem hircorum aut vitulorum, sed per proprium sanguinem introivit semel in sancta, aeterna redemtione inventa.*

† *37. Quod est officium Christi Regium ?*

25   Est quo Christus coelos conscendit, suscepta Imperii administratione, sedens ad dextram patris, ut Diaboli ac omnes potestates, ad illius pedes proiectae, obedire cogantur, donec nos in die novissimo, prorsus ab hoc pravo seculo, Diabolo, morte, peccatis liberatos separet ac segreget, ac aeterna
30 gloria et honore coronet: uti loquitur B. Lutherus in Catech. Maiore.
    Psal. 110, 2. *Sceptrum fortitudinis tuae emittet Dominus ex Sion: dominare in medio inimicorum tuorum.*

3ff. SD VIII, 28, S. 1026; CA III, S. 54.   **5** WA XXIII, 133, 19 ff.; 143, 10 ff.; XXVI, 340, 3 ff.   **16ff.** CA III, S. 54.   **19ff.** GK II, 29, S. 652. **25ff.** GK II, 31, S. 653.

38. Quale est Regnum Christi ?

Est spirituale et aeternum. Ioh. 18, 36. *Regnum meum non est de hoc mundo.* Luc. 1, 33. *Regnabit super domum Iacob in aeternum, et Regni eius non erit finis.*

39. Quaenam Beneficia ex utroque Regno Christi ad nos redundant ?   5

1. Fides. 2. Remissio peccatorum. 3. Iustificatio. 4. Reconciliatio cum DEO patre. 5. Salvatio et Glorificatio aeterna.

LOCUS QUARTUS
DE CREATIONE

1. Quid significat creare ?   10

1. Significat aliquid vel plane ex nihilo facere, vel ex rudi indigestaque mole, aliquid producere.† Per Metaphoram vero quandam ad spiritualem etiam nostri regenerationem et sanctificationem accommodatur ab Apostolo, Eph. 2, 10. *Creati sumus in Christo Iesu ad bona opera.*   15

2. Quid est Creatio ?

Creatio est actio externa totius Trinitatis, qua DEUS res omnes creatas, visibiles et invisibiles, sex dierum intervallo, liberrima optimaque sua voluntate ex nihilo condidit.

† *3. Unde confirmas creationem opus esse totius Trinitatis ?*   20

Ex Scripturis: Gen. 1, 1. *In principio creavit Elohim coelum et terram: Et* DIXIT *DEUS, Fiat Lux. Et* SPIRITUS *Domini ferebatur super aquis.* Nam per verbum (DIXIT) non λόγον προφορικόν, sive verbum evanescens: sed Substantiale DEI verbum, hoc est, Filium DEI intelligendum esse, testis est   25 Johannes c. 1 v. 1 et seqq. *In principio erat Verbum, et Verbum erat apud DEUM, et DEUS erat Verbum. Hoc erat in principio apud DEUM: omnia per ipsum facta sunt, et sine ipso factum est nihil, quod factum est.*

Huc pertinet etiam illud Psalmi 33, 6. *Verbo Domini coeli*   30 *firmati sunt, et Spiritu oris eius omnis exercitus eorum.*

---

11 ff. Ph. Melanchthon, Examen Ordinandorum, CR XXIII, 3. Aeg. Hunnius, Opera 1606, unde ? Z. 17 1622: aeterna.

2*

Deinde nota esse debet regula D. Augustini: *Opera Divinitatis ad extra sunt indivisa.*

* *4. Cur vero in Symbolo Apostolico opus creationis soli Patri assignatur?*

Quia DEUS pater in opere creationis potissimum sese reve-
5 lavit, ut patrem et creatorem ac conservatorem rerum creatarum omnium.

* *5. Ex qua materia Deus Mundum condidit?*

DEUS nulla praeexistente materia initio creavit rudem
indigestamque molem: ex qua postmodum coelum et terram,
10 reliquasque creaturas ordine produxit et efformavit.

Psal. 148, 5. *Ipse dixit, et facta sunt: Ipse mandavit, et
creata sunt.*

Hebr. 11, 3. *per fidem intelligimus constructum fuisse
mundum verbo DEI, ut, quae cernimus, non sint ex apparen-*
15 *tibus facta.*

† *6. Quae fuerunt causae praecipuae, propter quas Deus creavit hoc
universum?*

Causa impulsiva fuit immensa DEI bonitas, qui uti in se
est summe bonus, ita Bonitatis etiam huius suae partem
20 nobiscum communicare voluit liberrime. Joh. 1, 3. Hebr. 1, 2.

Causa finalis est, ut a creaturis vicissim agnosceretur et
celebraretur: Psal. 19, 1. *Coeli enarrant gloriam DEI, et opera
manuum eius annunciat firmamentum.*

* *7. Quis fuit ordo creationis?*

25 Etsi DEUS pro infinita sua omnipotentia potuisset vel uno
momento omnia; quae in coelis et in terra sunt, creare et
absolvere: maluit tamen ordine procedere, et sex diebus
Mundum condere et exornare. Singulorum dierum opera eleganter his versibus complexus est Georgius Fabritius:

30   *Prima dies lucem profert: locat altera coelum:*
       Post hanc stat tellus: Quarta duo lumina lucent:
       Quinta replet vastum variis animalibus orbem:
       Adam, parque DEO formatur imagine, sexta.

---

28 Georg Fabricius (1516—1571), Dichter und sächsischer Ge-
schichtsschreiber, seit 1546 Rektor an der Fürstenschule zu Meißen:
Commentarius in Genesin, brevis, eruditus, et valde utilis, Lipsiae
1584, p. 11.

LOCUS QUINTUS
DE ANGELIS BONIS ET MALIS

† *1. Suntne Angeli a Deo creati ?*

Sunt maxime: Psal. 104, 4. *Qui facis Angelos tuos Spiritus,
et Ministros tuos flammam ignis.*   5
Coloss. 1, 16. *In ipso (Filio Dei) condita sunt universa,
in coelis et in terra, visibilia et invisibilia, throni, dominationes, principatus, potestates.*

Quo vero praecise die a Deo sint creati, in sacris expresse
non definitur: neque etiam huius rei ignorantia, cum aliquo   10
nostro damno est coniuncta.

2. *Quid sunt Angeli ?*

Angeli sunt Essentiae spirituales, creatae a Deo ad imaginem ipsius, in summa videlicet perfectione, sapientia, iustitia et sanctitate: ut Deo ministrent, et Electos custodiant,   15
ac tandem aeterna felicitate perfruantur.

* *3. Ex qua materia sunt conditi ?*

Non certe ex ipsa Dei essentia: sic enim Dii essent: neque
etiam ex rudi illa atque indigesta mole: sic enim corporei
essent: sed ex nihilo, virtute omnipotentis Dei sunt producti.   20

† *4. Quales sunt conditi ?*

Conditi sunt in libertate Arbitrii, Boni sane: sed ita, ut
illa arbitrii sui libertate abuti, et se ad malum inclinare potu-
erint.

5. *Quotuplices sunt Angeli ?*   25

Duplices, Boni et Mali: Boni hodie dicuntur illi, qui bonitatem ad quam initio fuerunt conditi, non modo retinuerunt:
sed et in bono iam ita sunt confirmati, ut in aeternum amplius
non excidant.

† 6. *Quae et quanta est Bonorum Angelorum perfectio ?*   30

Magna quidem, sed quae Dei perfectione multis modis est
inferior. Etsi enim sanctitas ipsorum perfecta est in suo

4ff. Hunnius, Tom. V. Disput. XVII, p. 155 C.   **13ff.** ibd. 155 B.
17ff. ibd. 155 D 156 A.   **22ff.** ibd. 156 D.   **26ff.** ibd. 156 D.

genere: talis tamen non est, ut eam cuiquam communicare
possint. Unde et opus Redemtionis perficere non potuerunt.

Sic sapientia ipsorum est ineffabilis, sed ita tamen com-
parata, ut ea, per cognitionem atque manifestationem myste-
5 riorum Evangelii, quae olim, priusquam ex aeterno DEI consilio promulgarentur, ipsis etiam Angelis incognita erant,
augeri atque perfici potuerit. Sic potentia ipsorum magna
quidem, ita tamen limitata, ut potentia DEI modis omnibus
sit inferior, neque etiam ex proprietate naturae ipsis com-
10 petat.

* 7. Suntne certi ordines Angelorum ?

Esse certos Angelorum ordines, inde patet: quod Scriptura Michaelem nominat Archangelum, et unum de principi-
bus primis. Dan. 10, 13. Et alios appellitat thronos, alios
15 dominationes, alios principatus, alios potestates, Coloss. 1,
16. Caeterum num novem sint ordines Angelorum, prout
Scholastici finxerunt: quae etiam ordinum istorum sit distinctio, certi quid affirmari haut posse statuendum est, propterea
quod Scriptura hac de re altum plane tenet silentium.

8. Quodnam est officium Bonorum Angelorum ?

20

I. Ut sine intermissione DEUM celebrent: Esa. 6, 3. *Sera-*
phim stabant et clamabant alter ad alterum, dicentes: Sanctus,
Sanctus, Sanctus Dominus DEUS Zebaoth, plena est omnis
terra, gloria eius.
25 II. Ut iussa eius expediant, et hominibus voluntatem DEI
annuncient: id quod patet ex historia Hagar ancillae, Abrahami, Iacobi, conceptionis et Nativitatis tum Iohannis Bap-
tistae, tum ipsius Christi Servatoris.

III. Ut pro piorum salute excubias agant Hebr. 1, 14.
30 *Nonne angeli sunt Spiritus Administratorii, emissi in Mini-*
sterium propter eos, qui haereditatem salutis accipient? Psal. 91,
11. *Angelis suis mandavit de te, ut custodiant te in omnibus*
viis tuis.

IV. Ut post mortem piorum animas, deportent in sinum
35 Abrahae, sive vitam aeternam, Luc. 16, 22.

V. Tandem ut in novissimo die Christo, Iudici univer-
sorum, adstent, et impios separent de medio iustorum, et

---

3 ff. ibd. 157 B, C.   **21 ff.** ibd. 158 B.

mittant eos in caminum ignis. Matth. 13, 49 et 50. et cap.
25, 31. 1. Thess. 4, 16.

† *9. Licetne invocare aut adorare Angelos ?*

Non: Nam ipsimet cultum hunc sibi dependi serio detrec-
tant. Apocalyp. 19, 10. et cap. 22, 9. *Vide ne feceris, conservus* 5
tuus sum: Deum adora.

† *10. Dixisti supra esse Angelos malos, scire velim, Quid sint Angeli mali ?*

Angeli mali sive diaboli sunt Spiritus, a Deo, in eadem,
qua caeteri, integritate, iustitia, sanctitateque conditi: sed
ab opifice suo libere aversi, et hostes ipsius facti, atque ab 10
hoc in aeternam damnationem praecipitati ac conclusi.

† *11. Unde hoc probas ?*

Ex Scripturis: Sic enim Christus ipse Ioh. 8, 44. *Diabolus*
in veritate non stetit. Et 2. Pet. 2, 4. Deus *angelis peccantibus*
non pepercit, sed catenis noctis detractos in Tartarum, tradidit 15
in iudicium reservari.
Iudas in sua Epistola v. 6. scribit *malos Angelos originem*
suam non servasse.

* *12. Quae fuit causa peccati Diabolorum ?*

Diaboli non ex insita aliqua, sive concreata pravitate pec- 20
carunt: nec fatali impulsu, aut Dei decreto aliquo inducti:
sed *ex propriis peccavit Satanas,* Ioh. 8, 44.

* *13. Sed unde ortum traxit peccatum Diabolorum ?*

Traxit originem ex abusu illius liberi arbitrii, in quo creatus
erat. Id arbitrium movebatur ab obiecto, dum contempla- 25
tione nimiaque admiratione suae Angelicae dignitatis et
excellentiae deceptus, indignum ratus est, si ullius pareret
imperio.

* *14. Siccine ergo peccati reatum contraxit Diabolus ?*

Utique: Nam hac ipsa sui ipsius admiratione obsequium 30
creatori debitum solvere detrectans, seipsum et alios quam-

4ff. ibd. 157 C.   **8ff.** ibd. 158 C.   **13ff.** ibd. 158 D.   **20ff.** ibd.
159 A.   **24ff.** ibd. 159 A.

plurimos in peccati societatem abreptos, a DEO opifice avul-
sit. Sic ergo superbia peccatum Satanae fuit: id quod vel inde
constat, quod ex antiquo suo ingenio, protoplastis idem peccatum, nempe Divinitatis assequendae appetitum instilla-
5 vit: Gen. 3, 5.

15. Quae sunt opera atque studia Malorum Angelorum?

Malorum Angelorum studia et opera, in omnibus sunt con-
traria studiis atque operibus bonorum Angelorum. Nam
DEUM non laudant, sed calumniantur. 2. Iussa et voluntatem
10 DEI pervertunt, vel saltem, quo minus ab hominibus fiant,
impediunt. 3. Cursum Evangelii inhibere student. 4. Piis in-
sidiantur. 5. Impiorum sceleribus et aeterna damnatione
exultant.

* 16. Quae et qualis est scientia Diabolorum?

15 Praescientia rerum futurarum, quippe soli DEO propria,
Diabolis non competit: nisi quantum vel ex divina revelatione ipsis innotescit: vel ratiocinando aliquo modo coniiciunt.
Deinde neque cogitationes hominum a priori perspiciunt.
Nam et hoc solus DEUS sibi proprium vendicat. Neque etiam
20 eas norunt cogitationes, quae a Spiritu Sancto in piis excitan-
tur.

* 17. Quae est potentia Daemonum?

Magna quidem: sed DEI gubernatione sic ligata, ut citra
permissum eius, ne quidem in porcos grassari possint: Matth.
25 8, 31. imo nec pediculos creare queant: Exod. 8, 18.

* 18. Habentne Diaboli spem aliquam redemtionis?

Nullam prorsus: Neque enim ipsi satisfacere possunt pro
peccatis suis: neque Christi etiam satisfactio ad illos pertinet,
ut qui non Angelos, sed semen Abrahae assumsit, Hebr. 2,
30 16. Neque ullum aliud Redemtionis λύτρον pro Diabolis dari
potest. Proinde manent illi vinculis aeternis sub caligine
inferorum reservati. Iudae Epistola v. 6. Et licet nunc quoque
suas persentiscant poenas: tamen longe atrociora supplicia in
extremo die subire necesse habebunt: Matth. 8, 29. et cap.
35 25, 41. 2. Pet. 2, 4.

---

1 ff. Am Rand: Luth. Comment. in Gen. cap. 1, unde? 7 ff. Hunnius, 159 C. 15 ff. ibd. 159 B.

LOCUS SEXTUS
DE IMAGINE DEI IN HOMINE
SIVE IUSTITIA ORIGINALI.

† *1. Quidnam erat Imago DEI, ad quam primus homo fuit conditus?*

Iustitia originalis respicit non tantum secundam tabulam   5
Decalogi: sed primam quoque, quae praecipit de timore
DEI, de fide, de amore DEI. Itaque homo ad imaginem hanc
DEI conditus habiturus erat, non tantum aequale tempera-
mentum qualitatum corporis: sed etiam notitiam DEI cer-
tiorem, timorem DEI, fiduciam DEI, aut certe rectitudinem,   10
et vim ista efficiendi: Item immortalitatem et dominium in
res creatas.

† *2. Velim ex Scripturis hoc confirmes?*

Testatur hoc Scriptura, cum inquit, *Hominem ad ima-*
ginem et similitudinem DEI conditum esse.   15

Sic Paulus ad Ephesios et Colossenses ostendit imaginem
hanc DEI, notitiam DEI esse, iustitiam et veritatem.

† *3. Mansitne haec imago DEI post lapsum in homine reliqua?*

Non: Nam peccatum originis, quod ex lapsu primorum
parentum, in omnes homines derivatum est, tam profunda   20
et tetra est corruptio naturae, ut nullius hominis ratione
intelligi possit.* Quapropter meri sunt errores et caligines
contra hunc articulum, Scholasticorum Doctorum dogmata,
quibus docetur, post Adae lapsum, Hominis naturales vires
mansisse integras et incorruptas.   25

* *4. Sed unde hoc ipsum probas?*

Probo vel inde, quod lapsum Adae excepit statim totalis
carentia, seu defectus, sive privatio concreatae in Paradiso
Iustitiae originalis, seu imaginis DEI, ad quam homo initio
in veritate, sanctitate atque iustitia creatus fuerat: et simul   30
etiam subsecuta est ἀδυναμία, impotentia et stupiditas, qua
homo ad omnia divina sive spiritualia prorsus est ineptus:
uti ex subsequentibus Articulis, de peccato originis, et libero
Arbitrio, dilucidius patebit.

5ff. Ap. II, 16f., S. 150.   **14ff.** Ap. II, 20, S. 151; Gen. 1, 27.
16 Eph. 4, 24; Kol. 3, 10.   **19ff.** SD I, 6, S. 847; vgl. SD I, 23,
S. 851.   Z. 21 1622: terra.   **27ff.** SD I, 10, S. 848.

* *5. Potestne amissa imago Dei in homine reparari ?*

Humana natura, quae hoc malo perversa et tota corrupta
est, aliter sanari non potest, nisi ut per Spiritum Sanctum
regeneretur et renovetur. Quod ipsum tamen opus Spiritus
Sancti in hac vita tantummodo in nobis inchoatur: in altera
vero demum absolvetur et perficietur.

LOCUS SEPTIMUS
DE PROVIDENTIA DEI

* *1. Estne aliqua Dei cura sive providentia rerum creatarum ?*

Esse providentiam divinam, Deumque curam agere rerum
creatarum, patet 1. ex Scripturis:

Ierem. 10, 23. *Scio Domine, quod non est hominis via eius,
neque viri, ut ambulet, et gressus suos dirigat.*

Sap. 14, 3. *Tua, pater, providentia cuncta gubernat.*

Ioh. 5, 17. *Pater meus usque modo operatur, et ego operor.*

Act. 17, 25. *Ipse dat omnibus vitam, inspirationem et omnia.*

Hebr. 1, 3. *Deus omnia portat verbo virtutis suae.*

2. Deinde hoc patet ex miranda conservatione rerum creatarum omnium: cumprimis vero Ecclesiae et piorum, adversus furores Satanae et mundi.

† *2. Quid est Providentia Dei ?*

Providentia Dei est talis actio, qua Deus non nude
omnia scit, quae fiunt et geruntur, tum bona, tum mala: sed
qua res a se conditas sustentat et conservat: praecipue autem
salvandorum salutem procurat: actiones hominum bonas
praecipit, iuvat, promovet: mala prohibet, et detestatur:
easque vel impedit; vel ita permittit, ut tamen ratione finis
eas dirigat, etiam contra voluntatem Diaboli et impiorum,
ad suam gloriam, et Electorum salutem.

* *3. Quare dicis providentiam non nudam esse notitiam ?*

Ad designandum discrimen inter providentiam et prae-
scientiam. Praescientia enim nude tantum res tam malas

2ff. SD I, 14, S. 849.　　　　**10ff.** Ph. Melanchthon, Loci UNDE ?
22ff. Aeg. Hunnius, Opera, T. V, Disput. XXII, 185 B.　　　**31ff.** ibd.
185 C.

quam bonas praescit, neque causam rerum praescitarum
designat. Providentia autem praeter notitiam rerum, etiam
efficacem earum curam, dispositionem et ordinationem complectitur.

* *4. Suntne certi gradus Providentiae divinae ?* 5

Tres praecipue constituuntur: Quorum primus *Generalis*
sive *Universalis* providentia dicitur, quae consideratur generatim in illa rerum conditarum sustentatione, qua Deus ordinem sive modum naturae agendi incolumem servat et sustentat: ut motuum in corporibus coelestibus ordinem regularem, 10
vices temporum, perennitates fluminum, foecunditatem terrae, animantium: et id genus alia.

Alter dicitur *Specialis*, quo omnes creaturae jubenti et
volenti Deo obtemperant, ipsiusque mandata exequuntur.

Tertius dicitur *Peculiaris*, qui est Electorum proprius, et 15
ad Articulum de Praedestinatione pertinet.

† *5. Quibus respectibus Deus in omnium hominum actionibus sua
providentia concurrit ?*

Tribus potissimum: *Primum* enim Deus sustentat naturam
agentem, quae sine hac Dei sustentatione, non modo nihil 20
agere, sed ne ad momentum quidem subsistere posset. *In
ipso enim sumus, movemur et vivimus.* Act. 17, 28.

Deinde largitur motum sive potentiam agendi quippiam,
adeoque actionum principia et organa, mentem, voluntatem,
et reliquas animae potentias, membraque corporis. 25

Tandem concurrit Deus etiam ratione finium, quoad actiones quaslibet hominum, quas ad certos quosdam, eosque
bonos, utiles ac salutares fines ordinat.

* *6. An non vero Deus videtur esse causa peccati, quando vitiosis
actionibus motum largitur ?* 30

Minime: primum enim inter se non pugnant haec: Substantiam a Deo conditam esse et sustentari: et tamen pravam
voluntatem Diaboli et Hominis causam esse peccati. Deinde
inter ipsum motum et adhaerens vitium, plurimum interest.
Quod enim homo manum suam potest extendere, eaque 35

19ff. ibd. 187A. **31ff.** Ph. Melanchthon, Loci, CR XXI, 645 =
St. A. II, 1, 226.

aliquid apprehendere: causa sane propinqua est ipsa hominis
Anima: Remota vero et prima ipse DEUS, qui animam huiusmodi actionibus per organa corporis efficiendis habilem fecit
ac condidit. Quando vero Fur manum suam extendit ad
5 Rem illicitam: haec certe ἀταξία ad motum accedens, non
DEO, sed perversae voluntati furis est adscribenda.

*7. Sed in Scripturis multoties legitur Deus indurare, excaecare, tradere
in mentem reprobam: Ergo videtur DEUS aliquo modo esse causa peccati.

Minime vero: In his enim et similibus dictis, DEUS non ut
10 Autor et Causa peccati: sed tantum ut iustus Iudex intro-
ducitur, qui praecedentem inexpugnabilem hominum contumaciam sic punit, ut gratiam suam et Spiritum Sanctum
tali homini auferat: et Satanae potestati, suoque proprio
arbitrio hominem relinquat. Qua quidem ratione DEI volun-
15 tas concurrit: non autem ad peccatum: sed ad finem, ad
quem a DEO peccatum destinatur: uti ex historia Pharaonis
regis Aegyptii luculenter patet.

*8. Cum in Scripturis non modo DEUS, sed et Diabolus, quin ipse quoque
Homo seipsum indurare et excaecare dicatur: scire aveo, quomodo hoc
20   intelligi debeat ?

Diversis plane respectibus, de DEO, Diabolo, et Homine,
indurandi actus praedicatur. Nam DEUS indurat non impertiendo malitiam, sed partim non impertiendo gratiam et
misericordiam: partim vero permittendo hominem tum Sata-
25 nae potestati, tum proprio ipsius arbitrio: idque iustissimo
iudicio, antegressam inexpugnabilem hominis contumaciam
sic vindicante: 2. Thess. 2, 10, et 11.

*9. Quomodo Diabolus indurare dicitur ?

Diabolus indurat et excaecat impellendo, suadendo, et
30 occasiones peccandi subministrando. 1. Paral. 21, 1.

*10. Quomodo Homo indurare seipsum dicitur.

Homo seipsum indurat et excaecat, cupiditatibus suis, et
Satanae suggestionibus, libenter et cupide obtemperando,
seque a DEO propria voluntate avertendo. Atque ita Diabolus
35 suggerit: Homo consentit: DEUS deserit.

2ff. Hunnius, 187 B, C.   29 1. Chron. 21, 1.

LOCUS OCTAVUS
DE PECCATO IN GENERE ET IN SPECIE

1. Quid est peccatum in genere?

Definitio brevis extat in Epistola Iohannis: *peccatum est, quicquid est contra legem DEI:* ἡ ἁμαρτία ἐστὶν ἡ ἀνομία. Vel, ut Philippus definit: peccatum est defectus, vel inclinatio, vel actio pugnans cum lege DEI, offendens DEUM, damnata a DEO, et faciens reos aeternae irae, et aeternarum poenarum, nisi sit facta remissio.

† *2. Quae est causa peccati?*

Non certe DEUS: Psal. 5, 5. *Non DEUS volens iniquitatem, TU ES.* Sed partim Diabolus, qui et ipse primum peccavit, et ad peccandum illexit primos parentes: Ioh. 8, 44. *Diabolus mendax est, et pater mendacii:* partim Homines ipsi, qui suggestionibus, carnisque suae concupiscentiis pravis obsequuntur: Rom. 5, 12. *Per unum hominem peccatum in Mundum intravit, et per peccatum mors.*

3. Quotuplex est peccatum?

Varie distinguitur peccatum: praecipue vero 1. in originale et Actuale, 2. in mortale et veniale. 3. Mortale subdividitur in peccata contra conscientiam, quorum aliud designatur in Filium Hominis: aliud in Spiritum Sanctum.

4. Quid est peccatum originis?

Peccatum originis est morbus naturalis et omnibus hominibus innatum contagium atque vitium, quod nos non modo sine metu et fiducia DEI, et per concupiscentiam totos depravatos effecit: sed et aeternae damnationis, nisi regeneratio interveniat, reos constituit.

† Vel: Peccatum originis non tantum est totalis carentia, sive defectus omnium bonorum in rebus spiritualibus, ad DEUM pertinentibus: sed etiam, loco imaginis DEI amissae, in homine intima, pessima, profundissima, (instar cuiusdam

---

4ff. 1. Joh. 3, 4; Ph. Melanchthon, Loci, CR XXI, 667 = St. A. II, 1, S. 255; Examen Ordinand., CR XXIII, 11.   **11ff.** Melanchthon, CR XXI, 644f., = St. A. II, 1, S. 225; CA XIX, S. 75; SD I, 7, S. 847.   **24ff.** CA II, S. 53.   **29ff.** SD I, 10, S. 848.

abyssi) inscrutabilis et ineffabilis corruptio totius naturae, et
omnium virium, inprimis vero superiorum et principalium
animae facultatum, in mente, intellectu, corde et voluntate.

5. *Estne tale peccatum originis ?*

5 Est: Gen. 6, 5. et cap. 8, 21. *Omnis cogitatio cordis humani, ac
omne eius figmentum tantum pronum ad malum, ab adolescentia, omni tempore.*

Psal. 51, 7. *Ecce in iniquitatibus conceptus sum: et in peccatis concepit me mater mea.*

10 † Iob. 14, 4. *Quis potest facere mundum de immundo con-
ceptum semine? Et cap. 15, 14, et 15. Quid est homo, ut imma-
culatus sit, et ut iustus appareat natus de muliere? Ecce inter
sanctos eius nemo integer, et coeli non sunt mundi in conspectu
eius.*

15 Ioh. 3, 6. *Quicquid ex carne natum est, caro est.*

Rom. 5, 12. *Per unum hominem peccatum intravit in mundum, et per peccatum mors: et sic ad omnes homines mors pertransiit, in quo omnes peccaverunt.*

Rom. 8, 7. Φρόνημα τῆς σαρκὸς, *Prudentia carnis inimici-
20 tia est adversus DEUM.*

Ephes. 2, 3. *Natura sumus filii irae.*

† 6. *Siccine ergo in omnes omnino homines peccatum hoc propagatum est ?*

Omnino: Nam post lapsum Adae, omnes homines secundum naturam propagati, nascuntur cum peccato: hoc est,
25 sine metu DEI, sine fiducia erga DEUM, et cum concupis-
centia. Unde fit, ut omnes homines in odio sint apud DEUM,
et natura filii irae.

7. *Quaenam poenae peccatum hoc consequuntur ?*

Mors aeterna et corporalis: et praeter hanc aliae corporales,
30 spirituales, temporales atque aeternae aerumnae et miseriae:
Tyrannis et Dominium Satanae, cui homo propter peccatum
hoc, in miserrimam servitutem traditus, captivus ab eo
tenetur.

---

5 ff. Ep. I, 21, S. 774 f.   **23 ff.** CA II, 1, S. 53.   **29 ff.** SD I,
13, S. 849.

* *8. Quinam errores circa puritatem huius Articuli sunt vitandi ?*

Duo potissimum: quorum prior est Pelagianorum, et his
ex parte succenturiantium Pontificiorum: Posterior vero
Manichaeorum veterum, et recentiorum Flacianorum.

* *9. Enumera quaeso Pelagianorum errores ?*   5

Somniarunt *initio*, quod peccatum originale sit tantum
reatus aut culpa, quae ex aliena transgressione (absque ulla
naturae nostrae corruptione) sit contracta.

Deinde: Quod pravae concupiscentiae non sint peccatum,
sed conditiones quaedam aut concreatae essentiales naturae   10
proprietates.

Tertio: Quod defectus ille et malum haereditarium, non sit
proprie et vere coram DEO tale peccatum, propter quod ei
sit pereundum, nisi per Christum liberetur.

Quarto: Quod natura etiam post lapsum incorrupta, et   15
quidem praecipue, quoad res spirituales tota adhuc bona ac
pura sit: et in suis naturalibus, perfecta et integra sit.

Quinto: Quod peccatum originis tantum sit externus qui-
dam nullius prope momenti naevus, aut adspersa macula:
aut corruptio tantum accidentium, et qualitatum.   20

Sexto: Quod originale peccatum non sit defectus, spoliatio
aut privatio; sed tantummodo externum quoddam impe-
dimentum spiritualium bonarum virium: perinde ac si Mag-
nes succo alii illinitur, ubi non tollitur vis ipsius naturalis,
sed tantummodo impeditur.   25

Septimo: Quod Natura ex lapsu generis humani, valde
quidem debilitata atque corrupta sit: non tamen prorsus
omnem bonitatem amiserit: sed homo ex naturali nativitate
adhuc aliquid boni, quantulumcunque etiam, et quam minu-
tulum, exiguum atque tenue id sit, reliquum habeat: capa-   30
citatem videlicet, aptitudinem, habilitatem, potentiam et
vires aliquas in rebus spiritualibus aliquid inchoandi, ope-
randi, aut cooperandi.

2ff. SD I, 16, S. 850.   **6ff.** SD I, 17ff., S. 850f.   **15** 1622: et in
suis naturalibus, hoc est, in potentiis et viribus suis naturalibus perfecta et integra sit.   **26** am Rand: Pontificii et Synergistae.

** 10. Unum illud me vellicat, quod ex iam dictis intelligo, te concupiscen-
tiam nominare peccatum: Unde obsecro hoc confirmas ?*

Pontificii tempore exhibitae confessionis Augustanae dis-
putabant contra B. Lutherum, concupiscentiam poenam esse,
5 non peccatum. Contra vero Lutherus defendit peccatum
esse: Et recte quidem. Paulus enim ait, *concupiscentiam nes-
ciebam esse peccatum, nisi Lex dixisset: Non concupisces*: Item:
*Video aliam legem in membris meis, repugnantem legi mentis
meae, et captivantem me legi peccati, quae est in membris meis,*
10 Rom. 7.

** 11. Annon vero rectius concupiscentiam nominaveris Fomitem
ἀδιάφορον uti Pontificii contendunt ?*

Minime vero: quis enim unquam haec diceret esse ἀδιάφορα,
etiamsi perfectus consensus non accedat, dubitare de ira
15 Dei, de gratia Dei, indignari quod Deus non statim eripit
ex afflictionibus, incitari ira, libidine, cupiditate gloriae,
opum etc.

*12. Perge ad alteram classem errantium, quae est Manichaeorum veterum
ac recentium ?*

20 Manichaeorum veterum hi fuerunt errores de peccato
originis:
Primo: Quod natura humana initio quidem pura et bona
a Deo sit creata: verum iam post lapsum extrinsecus peccatum originale (tanquam quiddam essentiale) per Sanatam
25 in naturam infusum, et cum ea permixtum sit, quemadmodum venenum vino admiscetur.
Deinde. Quod non homo ipse corruptus peccet: sed aliud
quiddam et alienum in homine: et quod Deus per legem non
ipsam Naturam, sed tantum peccatum originale accuset et
30 damnet.

** 13. Dixisti supra, Manichaeorum errori affine esse Flacianorum
dogma, de peccato originis: ecquod vero illud est ?*

Flaciani contendunt, originale peccatum proprie, et quidem nullo posito discrimine, esse IPSAM hominis corrupti
35 substantiam, Naturam et Essentiam: ita, ut inter naturam

3ff. Ap. II, 39, S. 155.   **13ff.** Ap. II, 42, S. 155.   **20ff.** SD I,
26, S. 852.   **27ff.** SD I, 30, S. 853.   **33ff.** Ep. I, 19, S. 774.

corruptam post lapsum, per se ipsam consideratam, et inter
peccatum originis nulla prorsus sit differentia, neque ulla
distinctio cogitari, aut saltem peccatum illud a Natura
cogitatione discerni possit.

* *14. Num in promtu sunt certa fundamenta, quibus Flacianos refutare 5
possis ?*

In promptu sunt, et quidem ex praecipuis Christianae fidei
articulis petita: nempe ex articulo creationis, incarnationis
Filii DEI, Redemtionis, Sanctificationis, Resurrectionis, etc.

* *15. Quomodo ex Articulo creationis illud confirmas ?* 10

DEUS non modo ante lapsum humanam naturam creavit:
verum etiam eandem post lapsum creat, conservat et sustentat.

Deut. 32, 6. *DEUS est, qui et possedit te, et fecit, et creavit te.*
Iob. 10, 8. *Manus tuae fecerunt me, et plasmaverunt me* 15
totum in circuitu.
Act. 17, 28. *In ipso sumus, vivimus et movemur.* Ies. 45, 9.
et cap. 54, 5. et cap. 64, 8. Psal. 139, 14, et 15. Ecclesiastae
12, 7. Apoc. 4, 11.
Iam vero DEUS non est peccati creator aut conservator. 20
Ergo peccatum originis non est ipsa Hominis natura: sed
ab ea est quiddam distinctum.

* *16. Demonstra hoc ipsum ex Articulo Incarnationis Filii DEI ?*

Filius DEI hanc ipsam nostram humanam naturam, non
autem peccatum originale assumsit: ita quidem, ut nobis 25
fratribus suis per omnia similis fieret: excepto peccato. Hebr.
2, 17.
Ergo humana natura etiam post lapsum, et peccatum originis non sunt unum et idem: sed diligenter sunt discernenda.

* *17. Num idem patet ex Articulo Redemtionis ?* 30

Utique: Quod enim Christus assumsit, illud redemit. At
vero non peccatum originis redemit. Ergo peccatum originis
etiam Christus non assumsit: ac proinde inter nostram natu-

---

1 1622: ita, ut inter naturam ipsam consideratam. **7ff.** SD I, 34,
S. 855. **11ff.** ibd. **24ff.** SD I, 43, S. 857. **31ff.** Ep. I, 6, S. 771f.

Hutter, Kl. T. 183 3

ram, quam Christus assumsit et redemit, et peccatum originis luculentum discrimen constituatur, necesse est.

* *18. Parine ratione ex Articulo Sanctificationis hoc elici poterit?*

Recte: Deus enim non peccatum originis, sed Hominem,
5 sive humanam nostram naturam abluit, emundat, sanctificat,
et salvum facit.

Ergo peccatum originis non potest esse ipsemet homo:
nisi per impiam et auditu horrendam absurditatem, cum
recentioribus istis Manichaeis affirmare quis velit, ipsum pec-
10 catum originale, in nomine Sacrosanctae Trinitatis baptizari,
sanctificari et tandem salvari.

* *19. Ostende hoc ipsum ex Articulo Resurrectionis?*

In extremo die Carnis huius nostrae, quam circumferimus,
substantia, sed a peccato mundata, resurget: inque vita
15 aeterna, hanc ipsam animam, sed peccato non contaminatam
habebimus et retinebimus. Iob. 19, 26.

Iam si nulla esset differentia inter Naturam nostram corruptam, et inter peccatum originis: consequeretur: 1. Aut
hanc carnem in die novissimo non resurrecturam: aut 2. pec-
20 catum in novissimo die resurrecturum, et in vita illa aeterna,
in Electis futurum et mansurum esse. Quod utrumque cum
Articulo Resurrectionis e diametro pugnat.

* *20. Si peccatum originis est aliquid distinctum ab ipsa Natura hominis:
scire velim, utrum illud sit substantia, an Accidens?*

25 Haud inepte quaeris: siquidem omne, quicquid est, aut
substantia est, aut accidens, quod non per se subsistit, sed in
aliqua substantia est, et ab ea discerni potest. Iam vero apud
omnes sanos constat, quod peccatum non sit res quaedam per
se subsistens, sed haereat in homine mutabiliter. Quis proinde
30 dubitaverit, quin simpliciter, categorice et rotunde respon-
dendum sit, peccatum originis non esse substantiam, sed
Accidens.

21. Quid est peccatum Actuale?

Peccatum Actuale est omnis actio sive interior, sive ex-
35 terior pugnans cum lege Dei: ut in mente dubitationes de

4ff. Ep. I, 6, S. 771f.; SD I, 45, S. 858.   **13ff.** SD I, 46, S. 859.
25ff. SD I, 54, S. 861f.; SD I, 57, S. 863f.   **34ff.** Ph. Melanchthon,
Examen Ordinand. CR XXIII, 12f.; Loci 1559, CR XXI, 681 = St.
A. II, 1, 273.

DEO: in voluntate et corde, incendia malorum affectuum: in
membris denique externis, omnes gestus vel actiones pug-
nantes cum lege DEI.

† 22. Quid est peccatum Mortale?

Peccatum Mortale dicitur omne peccatum in non renatis,   5
tam originale, quam actualia: tam interiora, quam exteriora:
In renatis vero peccatum mortale est, vel error in fundamento:
vel actio interior, pugnans cum lege DEI, et quidem contra
conscientiam designata, excutiens gratiam DEI, fidem, et
Spiritum Sanctum.   10

† 23. Quid est peccatum Veniale?

Natura sua et per se nullum prorsus peccatum est veniale:
sed tale fit ac dicitur per et propter CHRISTUM.

Est ergo peccatum veniale lapsus sive actio renatorum,
pugnans cum lege DEI, sed propter quam non amittitur   15
gratia, Spiritus Sanctus et fides: siquidem renati repugnant
Spiritu, ne ruant contra conscientiam, et dolent propter has
sordes, et credunt se propter mediatorem DEO placere, sibique omnia peccata gratis condonari, per et propter CHRI-
STUM.   20

† 24. Quid est peccatum contra conscientiam?

Est quando Homo reclamante conscientia, sciens et volens
malum perpetrat.

* 25. Quid est peccatum Mortale in Filium Hominis commissum?

Est doctrinae Evangelicae vel nondum agnitae per igno-   25
rantiam oppugnatio: vel iam agnitae ex infirmitate, ac metu
periculi, sine ulla tamen eius hostili blasphemia, abnegatio.

* 26. Quid est peccatum Mortale in Spiritum Sanctum commissum?

Est voluntaria, ac destinato consilio suscepta apostasia,
sive abnegatio agnitae veritatis Evangelicae, vel ex toto, vel   30
ex parte, contra proprium cordis ac conscientiae testimonium, ministerium Spiritus Sancti, sive media salutis hosti-
liter oppugnans, ac contumelia afficiens.

5ff. Melanchthon, Examen, CR XXIII, 13.   **14ff.** ibd.

27. Cur hoc peccatum in Spiritum Sanctum dicitur Irremissibile ?

Non profecto, quod sub talem simplicem cadat Remissionis ἀδυναμίαν sive impossibilitatem, ut sua atrocitate, misericordiam DEI patris, et CHRISTI meritum superet et excedat. *Gratia enim DEI exuberat supra peccatum:* Rom. 5, 20. Et *sanguis Filii DEI emundat nos ab OMNI peccato,* 1. Ioh. 1, 7. Et *Christus est propitiatio pro peccatis nostris: non pro nostris autem tantum, sed pro TOTIUS MUNDI peccatis.* 1. Ioh. 2, 2.

* *28. Quo ergo sensu illud dicitur Irremissibile ?*

Quia illud nunquam ipso actu remittitur: idque culpa ac vitio sic peccantis: quia talis a Christo, extra quem nulla pro peccato reliqua est hostia, voluntarie deficit. 2. Quia sic peccans, organa ac media salutis, sine quibus Remissio peccatorum nemini obtingere potest, contumaciter negligunt, contemnit et pedibus quasi conculcat. 3. Quia denique hoc peccatum coniunctum est cum Finali cordis induratione: ita ut obfirmato postea quodam proposito, scientes volentes, veritatem agnitam horribiliter impugnare et blasphemare pergant.

* *29. Suntne etiam peccata in Sanctis ?*

Paulus ipse distinguit inter peccata Sanctorum, et non renatorum: Rom. 8, 13. *Si secundum carnem vixeritis, moriemini: si vero actiones carnis, Spiritu mortificaveritis, vivetis.* Fatetur ergo in Sanctis esse actiones carnis, id est, multas vitiosas inclinationes, dubitationes, securitatem, diffidentiam, errantes confidentias, pravos affectus: sed ipsos his repugnare Spiritu: hoc est, spiritualibus motibus, invocatione DEI, fide, patientia, castitate et aliis pietatis exercitiis.

LOCUS NONUS
DE LIBERO ARBITRIO, SEU DE VIRIBUS HUMANIS

1. Num uno modo voluntas hominis consideratur ?

Non: sed quadruplicem habet considerationem: primo, ante lapsum: Deinde, post lapsum: tertio post regenerationem: Quarto post resurrectionem carnis.

---

15 1622: negligit. **21ff.** Melanchthon Loci, CR XXI, 682 = St. A. II, 1, 274. **32ff.** Ep. II, 1, S. 776.

2. Quale Liberum arbitrium habuit homo ante lapsum ?

Illud, quod supra articulo sexto, de Imagine DEI, est definitum. Fuit enim illud pars haud postrema imaginis DEI, ut homo aeque non peccare, ac peccare posset, si vellet.

3. Superestne homini post lapsum aliqua Libertas voluntatis humanae ? 5

Humana voluntas post lapsum habet aliquam libertatem ad efficiendam civilem Iustitiam, et deligendas res rationi subiectas. Postest enim aliquo modo loqui de DEO, exhibere DEO certum cultum externo opere, obedire magistratibus, parentibus: potest continere manus a caede, ab adulterio, a 10 furto etc. Cum enim reliqua sit in natura hominis ratio et iudicium de rebus sensui subiectis, reliquus est etiam aliquo modo delectus earum rerum, et libertas et facultas efficiendae iustitiae civilis.

† *4. Cur dicis, (aliquo modo) ?* 15

Quia tanta est vis concupiscentiae, ut homines malis affectibus saepius obtemperent, quam recto iudicio. Et Diabolus, qui est efficax in impiis, non desinit incitare hanc imbecillem naturam ad varia delicta. Quae causae sunt, cur et civilis iustitia rara sit inter homines. 20

5. Habetne vero homo etiam aliquam Libertatem in spiritualibus, post lapsum ?

Minime: Nam post lapsum homo omnem amisit vim, sine Spiritu Sancto efficiendae Iustitiae DEI, sive iustitiae spiritualis: *Quia animalis homo non percipit ea, quae sunt Spiritus* 25 *DEI:* sed haec fit in cordibus, cum per verbum Spiritus Sanctus concipitur.

* *6. Annon vero ex viribus Arbitrii Homo etiam ante conversionem, aliquo modo se ad gratiam praeparare, applicare, et verbo Dei assentiri, licet languide, potest ?* 30

Non potest: Nam Scriptura testatur, Hominis non renati intellectum, cor, et voluntatem in rebus spiritualibus et divinis, ex propriis naturalibus viribus, prorsus nihil intelli-

6ff. CA XVIII, 1, S. 73; Ap. XVIII, 4, S. 311. **16ff.** Ap. XVIII, 5, S. 311. **23ff.** CA XVIII, 2 f., S. 73. **25** 1. Kor. 2, 14. **31ff.** SD II, 40, S. 888; 24, S. 882.

gere, credere, amplecti, cogitare, velle, inchoare, perficere, agere, operari aut cooperari posse.

* 7. *Num ex Scripturis hoc demonstrare potes?*

Utique: Testantur enim eae, Hominem ad bonum prorsus
5 corruptum et mortuum esse, ita, ut in ipsius natura post lapsum, ante regenerationem, ne scintillula quidem virium spiritualium reliqua manserit aut restet, quibus ille, ex se, ad gratiam Dei praeparare se, aut oblatam gratiam apprehendere, aut eius gratiae (ex se et per se) capax esse possit, aut se
10 ad gratiam applicare, aut viribus suis aliquid ad conversionem suam, vel ex toto, vel ex dimidia, vel minima parte, conferre, agere, operari aut cooperari possit: sed homo sit peccati SERVUS, et mancipium Satanae, a quo agitatur.

8. *Profer Scripturae testimonia?*

15 De mente sive intellectu Hominis clara sunt haec testimonia: 1. Cor. 2, 14. *Animalis homo non percipit ea, quae sunt Spiritus Dei: Stultitia enim est illi, et non potest intelligere: quia spiritualiter diiudicantur.*

Ephes. 4, 17, 18, et 19. *Ambulant* (homines nondum renati)
20 *in vanitate mentis suae: tenebris obscuratum habentes intellectum, propter ignorantiam, quae est in natura ipsorum, propter coecitatem cordis ipsorum.*

† Matth. 13, 13. *Videntes non vident, et Audientes non audiunt, neque intelligunt.*

25 Rom. 3, 12. *Omnes declinaverunt, simul inutiles facti sunt: non est, qui faciat bonum, usque ad unum.*

Eph. 5, 8. *Eratis aliquando tenebrae, nunc autem lux estis in Domino.*

Act. 26, 18. et Ioh. 1, 5. *Lux in tenebris lucet, ut convertantur*
30 *a tenebris ad lucem.*

Ephes. 2, 1. *In peccatis sumus* (non languidi, non aegri, non infirmi) *sed mortui.*

2. Cor. 3, 5. *Non sumus idonei cogitare aliquid a nobis ipsis, tanquam ex nobis ipsis: sed quod idonei sumus, id ex Deo est.*
35 Rom. 8, 6, et 7. τὸ φρόνημα τῆς σαρκὸς, *prudentia carnis inimicitia est adversus Deum.*

---

15 ff. SD II, 10 ff., S. 875.

9. Proba idem de corde sive voluntate Hominis ?

Initio patet hoc ex scripturae dictis iam in medium allatis: Quomodo enim in spiritualibus Homo nondum renatus aliquid possit velle, cum quae sint illa spiritualia, non intelligat?

Deinde Scriptura diserte testatur, voluntatem Hominis 5 nondum renati, in rebus divinis, non modo prorsus a DEO aversam: verum etiam adversus DEUM, ad omne malum conversam, ac penitus depravatam esse.

Gen. 6, 5. et cap. 8, 21. *Figmentum cordis humani* TANTUM *malum est, ab adolescentia sua.* 10

† Ierem. 17, 9. *Pravum est cor hominis, et inscrutabile: quis cognoscet illud?*

Rom. 8, 7. *Sensus carnis inimicitia est adversus* DEUM. Gal. 5, 17. *Caro concupiscit adversus Spiritum.*

Rom. 7, 14. *Scimus quod Lex spiritualis est: Ego autem* 15 *carnalis sum, venundatus sub peccato.* Et versu. 22 et 23. *Delector lege* DEI, *quoad interiorem hominem: video autem aliam legem in membris meis, repugnantem legi mentis meae, et captivantem me sub lege peccati, quae est in membris meis.*

* 10. Si talis est Hominis nondum renati conditio, videtur ille haud 20 magis ad sui conversionem facere atque lapis aut truncus ?

Sacrae profecto literae Hominis non renati cor, haud dubitant comparare cum duro lapide, qui ad tactum non cedat, sed resistat: item rudi trunco, interdum etiam ferae indomitae: sed sensu sano et orthodoxo, eiusmodi similitudines 25 sunt accipiendae.

* 11. Quis est ille sanus sensus ?

Sensus non ille est, quod homo post lapsum non amplius sit rationalis creatura: aut quod absque auditu et meditatione verbi divini ad DEUM convertatur: aut quod in rebus 30 externis et civilibus nihil boni aut mali intelligere possit, aut libere aliquid agere vel omittere queat: sed quod in rebus spiritualibus et divinis, ex propriis viribus haud magis ad sui conversionem aliquid praestare potest, atque truncus aut lapis. Quin deterior est lapide et trunco, ut qui minime repug- 35 nant.

2ff. SD II, 17, S. 878.   **22ff.** SD II, 19, S. 879.

* *12. Ergone nulla prorsus condedenda est homini, nondum renato,*
    ἱκανότης *sive aptitudo ad sui conversionem ?*

Distinguo cum B. Luthero inter ἱκανότητα sive aptitudinem aut capacitatem Activam et passivam. Illam homini
5 nondum renato aut converso simpliciter nego: hanc vero
(passivam) eidem largior.

13. Quam habes distinctionis huius causam ?

Quia Deus severissimo et iustissimo suo iudicio, lapsos
malos spiritus prorsus in aeternum abiecit: singulari autem
10 miseratione voluit, ut miserrima lapsi hominis natura, conversionis et gratiae Dei, ac vitae aeternae rursus capax parti-
cepsque fieret: non quidem ex propria, naturali, activa aut
efficaci habilitate, aptitudine aut capacitate: sed ex mera
gratia, per clementem et efficacem operationem Spiritus
15 Sancti: ideo passiva capacitas Homini nondum renato, rectissime tribuitur.

14. Si homo nihil facit ex propriis viribus ad sui conversionem: Quis ergo
eam operatur ?

Hominis nondum renati Conversio, Fides in Christum,
20 regeneratio, renovatio, et omnia, quae ad illam efficaciter
inchoandam et absolvendam pertinent, nequaquam humanis
viribus naturalis Liberi Arbitrii ulla vel minima ex parte:
sed in solidum, hoc est, simpliciter Soli divinae operationi et
Spiritui Sancto, in Scripturis adscribuntur.

25   ### *15. Confirma hoc ex iisdem ?*

Phil. 2, 13. *Deus operatur in nobis, et velle, et perficere.*
Act. 5, 31. *Deus dat poenitentiam et Remissionem pecca-*
torum.

2. Tim. 2, 25, et 26. *Deus dat poenitentiam ad cognoscendam*
30 *veritatem.*

† Phil. 1, 29. *Vobis a Deo donatum est, ut in Christum cre-*
datis.

Ephes. 2, 8. *Gratia estis salvati per fidem, et hoc non ex vobis:*
Dei enim donum est.

3ff. SD II, 23, S. 881.   **19ff.** SD II, 25, S. 882.   **26ff.** SD
II, 26, S. 883.

Ioh. 6, 29. *Hoc est opus D*EI*, ut credatis in eum, quem misit ille.*

Deut. 29, 4. Et Matth. 13, 14. *D*EUS *est, qui donat cor intelligens, oculos videntes, et aures audientes.*

Tit. 3, 5. *Spiritus Sanctus est Spiritus regenerationis et*   5 *renovationis.*

*Ezech. 11,19 et cap. 36, 26. Deut. 30, 6. Psal. 51, 12. *D*EUS *aufert durum ac lapideum cor: et donat novum, molle, et carneum, ut in praeceptis eius ambulemus.*

Ephes. 2, 10. *D*EUS *nos in Christo Iesu creat ad opera bona.*   10

Iacob. 1, 17. *Omne donum bonum desuper est a D*EO *patre luminum.*

Ioh. 6, 44. *Nemo potest venire ad Christum, nisi Pater traxerit eum.*

Matth. 11, 27. *Nemo novit patrem, nisi cui Filius revelare*   15 *voluerit.*

1. Cor. 12, 3. *Nemo potest Christum appellare Dominum, nisi per Spiritum Sanctum.*

Ioh. 15, 5. *Sine me nihil potestis facere.*

2. Cor. 3, 5. *Omnis sufficientia nostra a D*EO *est.*   20

1. Cor. 4, 7. *Quid habes, quod non accepisti? Quid igitur gloriaris, quasi non acceperis?*

    * *16. Perficitne Spiritus Sanctus Conversionis opus Mediate,*
                    an Immediate?

Mediate: Visum enim est DEO, non alio modo, quam per   25 verbum suum, cum id vel praedicari auditur vel legitur, ut et per Sacramentorum legitimum usum, homines ad aeternam salutem vocare, ad se trahere, convertere, regenerare et sanctificare.

    * *17. Hoc ipsum ex Scripturis demonstrari velim?*   30

1. Cor. 1, 21. *Quia in D*EI *sapientia non cognovit D*EUM *Mundus per sapientiam: placuit D*EO *per stultitiam praedicationis salvos facere credentes.*

Rom. 10,17. *Fides est ex auditu: Auditus autem per verbum D*EI*.*   35

---

3 1622: Mt. 13, 11 et 14.   **25 ff.** SD II, 50, S. 891 f.   **31 ff.** SD II, 51, S. 892.

Ioh. 17, 20. *Non pro eis tantum rogo, sed et pro eis, qui credituri sunt per verbum eorum in me.*

Act. 11, 14. *Petrus loquetur tibi verba, in quibus salvus eris, tu et universa domus tua.*

5   Matth. 17, 5. *Aeternus pater de Filio clamat:* HUNC AUDITE.

* 18. Velim paucis describas totum modum ac processum, quo Deus in convertendis hominibus uti solet ?

Cum naturales hominis vires ad veram conversionem nihil conferre, aut quicquam adiumenti adferre possint, DEUS in-
10 effabili bonitate et misericordia nos praevenit: et Evangelium, per quod Spiritus Sanctus conversionem et renovationem in nobis operari et perficere vult, annunciari curat: et per verbi sui praedicationem et meditationem, fidem in audientibus accendit: ita quidem, ut haec omnia solius Spiritus Sancti
15 dona sint atque operationes.

* 19. Quomodo ergo voluntas Hominis concurrit ad efficiendam hanc conversionem ?

Non certe concurrit vel ut causa efficiens, vel ut cooperans, vel ut causa sine qua non. Qua de causa etiam doctrina illa,
20 quae de tribus causis efficientibus, concurrentibus in conversione hominis non renati, in scholis antehac proposita fuit, merito exploditur.

20. Quomodo ergo concurrit ?

Concurrit tantum, ut subiectum convertendum, in quo
25 Spiritus Sanctus conversionem et renovationem operatur: ad quod opus, hominis convertendi voluntas nihil confert: sed patitur, ut DEUS in ipsa operetur, donec regeneretur.

* 21. Ut concludamus, dic tandem, quot et quaenam constituendae sint conversionis causae ?

30   Non plures, quam duae sunt causae: una efficiens principalis, Spiritus SANCTUS: altera Instrumentalis, Verbum DEI, quod est organum Spiritus Sancti, quo conversionem hominis efficit. Hominis autem nondum renati intellectus et voluntas, tantum sunt subiectum convertendum.

---

8 ff. SD II, 71, S. 901.   **18 ff.** SD II, 90, S. 911.   **30 ff.** Ep. II, 19, S. 781; SD II, 90, S. 912.

* *22. Ergone voluntas in conversione se habet pure passive?*

Statuo cum B. Luthero, in conversione habere se voluntatem hominis pure passive, si nimirum consideres novos illos motus, quos Spiritus DEI per verbum et Sacramenta in corde sive voluntate Hominis accendit, et sic conversionem operatur. Verum post conversionem renovata illa voluntas, est instrumentum et organon Spiritus Sancti, ut ea gratiam non modo apprehendat, sed et in sequentibus fidei exercitiis Spiritui Sancto cooperetur.

LOCUS DECIMUS
DE LEGE DEI

1. Quotuplex est lex Dei?

Triplex: Ceremonialis: Iudicialis sive Forensis: et Moralis.

2. Quid est lex ceremonialis?

Est externa Ordinatio sacrificiorum totiusque cultus Levitici, quo populus Iudaicus, non tantum ab aliis gentibus distinctus: sed et Christus cum beneficiis suis adumbratus, et per fidem Electis ac fidelibus vere applicatus fuit.

† *3. Anne et cur Lex ceremonialis hodie est abrogata?*

Est ea abrogata hodie, 1. Quia DEUS ipse ad certum duntaxat tempus, certamque gentem Israeliticam, sancitam eam voluit: subinde in Exodo et Levitico haec verba repetens: *Servabitis haec in generationibus VESTRIS.*

2. Quia lex ceremonialis typum duntaxat et umbram gessit CHRISTI aliquando nascituri: Eo proinde iam in carnem edito, umbrae illae et typi cessare debuerunt. Hebr. 10, 1. *Lex umbram habuit futurorum bonorum, non ipsam* (corporis et sanguinis Christi) *imaginem.*

3. Quia DEUS ipse Novum foedus compromisit Ier. 31, 31. *Ecce dies venient, dicit DOMINUS, et feriam domui Israel, et domui Iuda, Foedus Novum. Iam vero dicendo Novum, antiquavit vetus.* Heb. 8, 13.

20ff. Melanchthon, Examen Ordinand. CR XXIII, 9; vgl. St. A. II, 1, S. 281, 10ff. und II, 2, S. 440ff.

4. Quid est Lex Forensis sive Iudicalis?

Est constitutio politica, quae iudiciorum forensium, et externae disciplinae, in populo Israelitico conservandae, modum praescribit.

† 5. *Estne haec etiam Lex abrogata?*

Est: et primum quidem, quia et ipsa ad certum tempus, certamque Rempublicam, Iudaicam nimirum erat accommodata.

2. Quia Respubl. Iudaica usque ad Christum tantum durare debuit: Ergo lex quoque haec perpetua esse non potuit. Gen. 49, 10. *Non auferetur sceptrum de Iuda, et legislator de pedibus, donec veniat Schilo, id est, Christus.*

3. Quia Evangelium politicas quasvis ordinationes, modo voluntati divino et aequitati sint conformes, tollit: Matth. 22, 21. *Date Caesari, quae sunt Caesaris: et Deo, quae sunt Dei.* Rom. 13, 1. *Omnis anima potestatibus supereminentibus subdita sit: non enim est potestas, nisi a Deo.*

6. Quid est Lex Moralis sive Decalogus?

Lex moralis est doctrina a Deo tradita, praecipiens quales nos esse, et quae facere, quae omittere oporteat: et requirens perfectam obedientiam erga Deum, ac pronuncians irasci Deum, et punire aeterna morte, non praestantes perfectam obedientiam.

† 7. *Numquid Lex non natura est nota? Cur ergo dicitur esse doctrina a Deo tradita?*

Lex divina est quidem cordibus hominum inscripta, ita ut humana ratio naturaliter intelligat aliquo modo Legem: sed velamen positum est super cor humanum, uti Paulus loquitur, hoc est, falsa opinio animos hominum occupavit, quasi externa et civilia opera satisfaciant legi Dei. Itaque nova revelatione opus fuit, quae in deserto facta est, ministerio Mosaico, per promulgationem Decalogi.

---

14 1622: divinae ..., non tollit. **19ff.** Melanchthon, Locis, CR XXII, 688 = St. A. II, 1, 278, 3ff. **26ff.** Ap. IV, 7, S. 160; Ap. IV, 133 S. 186; SD V, 10, S. 955; SD VI, 5, S. 963. **28** Rö 2, 14 2. Kor. 3, 13f. **32** Ex. 20, 1ff.

† *8. Quid ergo requirit Decalogus ?*

Non solum externa opera civilia, quae ratio humana utcunque efficere potest: sed etiam alia longe supra omnem
rationem posita: scilicet vere timere DEUM, diligere, et invocare DEUM. 5

9. Quis est usus Legis Moralis, et Quotuplex ?

Triplex in universum Legis divinae usus est. Unus *Politicus*, ut disciplina externa, et honestas contra feros et indo-
mitos homines, utcunque conservetur. Alter *Paedagogicus*,
ut peccatores ad agnitionem peccati adducantur. Tertius 10
Didacticus, ut per Spiritum DEI renati, et ad Dominum conversi, et quibus iam velamen Mosis sublatum est, doceantur,
quo modo in vera pietate ambulent, et certam aliquam regu-
lam habeant, ad quam totam suam vitam formare possint ac
debeant. 15

* *10. Quid renatis opus est Lege, cum sint liberi, et perinde acSol,absque
alieno impulsu sua sponte, instinctu Spiritus Sancti agant, quae DEUS
ab ipsis requirit ?*

Etsi credentes et ad DEUM vere conversi atque iustificati,
liberati sunt a maledictione legis, et hoc respectu vere Liberi 20
sunt, et dicuntur: tamen in lege divina quotidie exercere se
debent: Psalm. 1, 2. Est enim Lex DEI instar speculi limpi-
dissimi, in quo voluntas DEI, et quae ipsi placent, perspicue
oculis nostris proponuntur.

* *11. Sed Iusto non est Lex posita, 1. Tim. 1, 9 ?* 25

Est quidem non iusto, sed iniustis Lex posita, ut Apostolus
testatur: hoc tamen non ita nude accipiendum est, quasi
iustis, sine lege vivere liceat: Sed haec est verborum Pauli
vera et genuina sententia: quod Lex eos, qui per Christum
cum DEO reconciliati sunt, maledictione sua obruere nequeat: 30
et quod renatis, coactione sua, molesta esse non possit, quandoquidem illi secundum interiorem hominem lege DEI delec-
tentur: et sponte sua opera eius faciant.

2ff. Ap. IV, 8, S. 160.　**7ff.** Ep. VI, 1, S. 793; SD VI, 1, S. 962.
19ff. Ep. VI, 2, S. 793; SD VI, 4, S. 903.　**26ff.** SD VI, 5,
S. 963.

* *12. Sed cur Renati Legis magisterio opus habent?*

Quia Renovatio et sanctificatio mentis ipsorum hac in vita inchoatur tantum, non autem absolvitur: ita ut vetus Adam, naturae ipsorum, omnibusque interioribus et exterioribus
5   viribus semper inhaereat.

* *13. Proba hoc ex Scripturis?*

Divus certe Apostolus de se renato sic loquitur: *Scio, quod in me, hoc est, in carne mea, non habitet bonum. Nam bonum quod volo, non facio: sed malum, quod nolo, hoc ago. Video*
10   *aliam legem in membris meis, repugnantem legi mentis meae et captivantem me sub lege peccati.* Rom. 7, 18, 19. et 23. Et Galat. 5, 17.: *Caro concupiscit adversus Spiritum: Spiritus autem adversus carnem: Haec autem sibi invicem adversantur, ut non quaecunque vultis, illa faciatis.*
15   Quam ob causam renati, non modo assidua Legis admonitione, doctrina et comminationibus indigent, verum etiam castigationibus, ut veternus illis excutiatur, et Spiritui Sancto obtemperent, sicut scriptum est: *Bonum est mihi Domine, quod humiliasti me, ut discerem iustificationes tuas.* Psal. 119,
20   71. Et *castigo corpus meum, et in servitutem redigo, ne forte cum aliis praedicaverim, ipse reprobus fiam,* 1. Cor. 9, 27. *Et, si extra disciplinam estis, cuius participes facti sunt omnes: ergo spurii et non filii estis.* Hebr. 12, 8.

*** *14. Num alia etiam causa assignari potest, ob quam Lex in Ecclesia et*
25   *apud renatos sit urgenda?***

Utique: Facile enim fieri potest, ut Renati etiam, propter veterem Adamum, qui adhuc in omnibus eorum viribus infixus haeret, privatae devotionis affectu, aliquid in negotio Religionis confingant, et cultus divinos verbo DEI non insti-
30   tutos eligant: vel ut sibi imaginentur et persuadeant, vitam et opera sua omnino pura et perfecta esse: ideo Lex non modo admonitionibus et minis, sed etiam poenis et plagis veterem Adamum coërcet, ut spiritui obsequatur, seque ipsi captivum tradat: imo tanquam in speculo commonstrat, omnia in rena-
35   tis, hac adhuc in vita, esse imperfecta et impura: ita ut cum Apostolo fateri necesse habeant: *Etsi nihil mihi conscius sum, tamen in eo non sum iustificatus,* 1. Cor. 4, 4.

2ff. SD VI, 7, S. 964.   **7ff.** SD VI, 8 f., S. 964 f.   **26ff.** Ep. VI, 4, S. 794.

* *15. Annon vero Evangelium hoc in Renatis praestat?*

Imo vero Evangelium plurimum hac in parte praestat: sed longe alia ratione, quam Lex. Lex enim inculcat quidem, esse voluntatem et mandatum DEI, ut in nova vita ambulemus: at vires et facultatem non donat, quibus novam obedientiam inchoare et praestare possimus. Spiritus autem Sanctus, qui non per Legis, sed per Evangelii praedicationem datur et accipitur, cor hominis renovat.

* *16. Facitne hoc Spiritus Sanctus mediate, an immediate?*

Mediate: Utitur enim ministerio Legis, ut per eam renatos doceat, atque in decalogo ipsis monstret, quae sit voluntas DEI bona et ipsi placens: ut noverint, quibus bonis operibus danda sit opera, quae DEUS praeparavit, ut in illis ambulemus.

* *17. Ergone differunt opera Legis, et opera Spiritus?*

Maxime: Discrimen autem illud oritur ex diversitate Hominum, qui secundum legem et voluntatem DEI vivere student: quorum alii sint nondum renati, alii renati.

* *18. Quomodo se ad legem Dei habent opera nondum renatorum?*

Homo nondum renatus, qui utcunque secundum legem DEI vivit, et opera Legis ideo facit, quia ad eum modum sunt mandata: eamque obedientiam aut formidine poenae, aut spe praemii alicuius praestat: is adhuc sub Lege est, tanquam Servus, et opera eius proprie a D. Paulo Legis opera vocantur.

* *19. Quomodo se habent Renatorum opera ad Legem Dei?*

Cum Homo per Spiritum Sanctum renatus, atque a Lege, hoc est, a coactione Legis liberatus est, iamque Spiritu DEI agitur; tum secundum immutabilem DEI voluntatem in Lege revelatam, vivit: et omnia quatenus renatus est, libero et promto spiritu agit. Et talia opera proprie non sunt appellanda opera Legis, sed opera et fructus Spiritus. Hi enim Homines non amplius sub lege sunt, sed sub gratia, Rom. 6, 14.

2ff. SD VI, 11, S. 965f.   **10ff.** SD VI, 12, S. 966.   **16ff.** Ep. VI, 7, S. 795; SD VI, 16, S. 966f.   **26ff.** SD VI, 17, S. 967.

† *20. Potestne a Renatis Lex Moralis servari sive impleri: et sic homo iustificari?*

Non potest: id quod ex iam dictis evidentissime patet. Sunt enim bona opera renatorum, hac in vita, propter peccatum in carne haerens, imperfecta et impura. Et quanquam secundum interiorem hominem faciunt, quae DEO placent: tamen assidue et indesinenter cum veteri Adamo luctari necesse habent, qui, tanquam asinus indomitus et contumax, subinde concupiscit adversus Spiritum: ac proinde non modo Legis doctrina, exhortationibus, comminationibus, verum etiam plagis et poenis est coërcendus: tantum abest, ut Legem servare aut implere possit.

* *21. Quot modis Christus implevit Legem Moralem?*

Quatuor potissimum: 1. Explicando genuinum sensum Legis, Matth. 5. Deinde perfectam ei praestando obedientiam. Rom. 5, 19. *Sicut per unius inobedientiam peccatores constituti sunt multi: ita per unius obedientiam iusti constituentur multi.* 3. Derivando in se maledictionem legis, Gal. 3, 13. *Christus redemit nos de maledictione legis, factus pro nobis maledictum.* 4. Donando nobis suam iustitiam et obedientiam Legi praestitam. 2. Cor. 5, 21. *DEUS fecit Christum, qui non noverat peccatum, pro nobis peccatum: ut nos efficeremur Iustitia in ipso.*

LOCUS UNDECIMUS
DE EVANGELIO

1. Quid est Evangelium?

Evangelium est doctrina divinitus revelata, plena consolationis, de misericordia DEI, et gratuita Remissione peccatorum, per et propter CHRISTI meritum fide apprehensum.

† *2. Cum plures sint differentiae Legis et Evangelii, ordine velim eas enumeres?*

Differunt initio *Notitia:* Lex enim natura est nota, quatenus aliqua eius cognitio, a DEO mentibus hominum est in-

---

3ff. SD VI, 23 f., S. 969.　　**27ff.** Ep. V, 5, S. 790; SD V, 20, S. 958.

sita atque insculpta: Rom. 2, 14. et 15. Evangelium vero
est mysterium a seculis absconditum: Rom. 16, 25.

† *3. Quae est altera differentia Legis et Evangelii ?*

Deinde differunt *Materia:* lex enim versatur circa praecepta, et docet, quales nos esse, quid facere, quidque omittere   5
debeamus, Deut. 6, 5. Evangelium vero versatur circa promissiones gratiae, Ioh. 3, 16.

† *4. Da tertiam differentiam Legis et Evangelii ?*

Tertio differunt *Forma* promissionum. Legis enim promissiones sunt compensatoriae ex debito, ubi inter laborem   10
et mercedem iusta est proportio: Promissiones vero Evangelii sunt mere gratuitae, omni respectu ad opera nostra,
penitus excluso Rom. 4, 4. et 5.

† *5. Da quartam ?*

Quarto differunt *objecto:* Lex enim pertinet ad homines   15
securos, praefractos, Epicureos, hypocritas: ut et ad veterem
Adamum, quatenus ipse in renatis adhuc dominium appetit.
1. Tim. 1, 9. Gal. 5, 17. Evangelium vero ad contritos et
sensu ac metu irae divinae prostratos, sive pauperes Spiritu.
Ies. 61, 1. Luc. 4. et 15.   20

† *6. Da quintam ?*

Quinto differunt *Effectibus: Lex enim accusat, terret, iram
ac damnationem operatur, Rom,* 4. 15. *Evangelium vero est
potentia DEI ad salutem omni credenti.* Rom. 1, 16.

† *7. De quo potissimum discrimine hodie controvertitur ?*   25

De postremo isto discrimine, vel quod idem est, de defini-
tione Evangelii proprie sic dicti, mota fuit superioribus annis
ab Antinomis, controversia, qui pugnabant, Evangelium proprie non esse tantum doctrinam de Gratia DEI, verum etiam
esse simul concionem poenitentiae, arguentem peccatum   30
Incredulitatis.

9ff. Melanchthon, Loci, CR XXI, 755ff = St. A. II, 2, 377ff.
26ff. Ep. V., 1, S. 790; SD V, 2, S. 951f.

† *8. Sic videris erroris insimulare Apologiam Confessionis Augustanae,*
quae Art. 12 diserte affirmat: summam praedicationis Evangelii esse
arguere peccata et offerre remissionem peccatorum ?

Non solum Augustanae Confessionis Apologia: sed et ipse
5 B. Lutherus, aliique orthodoxi Theologi sic scripserunt et
docuerunt: verum longe alio ac diverso sensu, quam Antinomi postmodum phrases istas urserunt. Nam Apologia et
alii vocem Evangelii usurparunt generaliter, pro tota doctrina Christiana: non vero specialiter prout Antinomi eam
10 acceperunt.

* *9. Video controversiae huius decisionem petendam esse ex aequivocatione*
vocabulorum: Quare eam velim expedias ?

Gemina occurrit aequivocatio: Una vocis Evangelii: altera
vocis poenitentiae. Vox enim Evangelii tum in sacris literis,
15 tum in veterum ac neotericorum scriptis duobus modis usurpatur et accipitur: Primum enim totam Christi doctrinam
significat, quam ministerio suo in his terris proposuit, et in
Novo Testamento proponendam praecepit: quaeque et Legis
explicationem et annunciationem gratiae DEI complectitur.
20 Sic sumitur Marci 1, 1. *Initium Evangelii Iesu Christi.*
Fuit Iohannes in deserto baptizans et praedicans baptismum
poenitentiae in remissionem peccatorum. Marc. 16, 15. *Prae-*
dicate Evangelium omni creaturae.

Deinde vero vocabulum Evangelii in alia, et quidem pro-
25 priissima sua significatione usurpatur, quatenus Legi ἀντι-
διηρημένως opponitur: et significat laetum illud nuncium
gratuitae Remissionis peccatorum propter CHRISTUM. Hoc
respectu Christus ipse duo haec doctrinarum genera a se
invicem distinguit, Marci 1, 15. dicens: *Poenitentiam agite,*
30 *et credite Evangelio.*

* *10. Accommoda hanc distinctionem ad propositam controversiam ?*

Si vocabulum Evangelii late, et extra discrimen Legis et
Evangelii de tota Christi doctrina accipiatur et usurpetur,
vera est Definitio Evangelii, quod sit Concio de poenitentia et
35 remissione peccatorum: Si vero Lex et Evangelium, sicut et
ipse Moses, ut Doctor Legis, et Christus, ut Doctor Evangelii

---

4ff. SD V, 27, S. 961.   **13ff.** Ep. V, 6, S. 791; SD V, 3f.,
S. 953.   **32ff.** Ep. V, 6f., S. 791.

inter se conferantur: et sic Evangelium in specifica sua significatione usurpetur; tum Evangelium non est concio poenitentiae, arguens peccata: sed proprie nihil est aliud, quam
laetissimum quoddam nuncium, et concio plena consolationis, quae non arguit aut terret: sed conscientias contra 5
terrores legis solatur, easque in meritum solius Christi re-
spicere iubet, et dulcissima praedicatione de gratia et favore
DEI, per meritum Christi impetrato, rursus erigit.

* *11. Quot modis accipitur vocabulum poenitentiae in Scripturis ?*

Poenitentiae vocabulum sacris in literis non semper unam 10
eandemque significationem habet. Quibusdam enim Scripturae locis, pro tota hominis conversione ad DEUM, sumitur:
ut cum Christus inquit: Luc. 13, 3. *Nisi poenitentiam ege-
ritis, omnes similiter peribitis.* Luc. 15, 7. *Gaudium erit super
uno peccatore, poenitentiam agente.* Matth. 3, 2. *Poenitentiam* 15
agite: appropinquat enim regnum coelorum. Luc. 3, 3. *Facite
fructus dignos poenitentia.* 2. Pet. 3, 9. DEUS *non vult ullos
perire, sed omnes ad poenitentiam converti.*

Deinde vero in aliis Scripturarum locis, partialiter accipitur, et unam tantum conversionis partem, contritionem 20
nimirum sive seriam agnitionem peccatorum designat.

*** *12. Quomodo scire possum, ubinam poenitentiae vox vel generaliter vel
partialiter accipiatur ?***

Partialiter accipitur tum, quando coniunctim ponuntur
poenitentia et Fides: vel, poenitentia et Remissio pecca- 25
torum: Ubi poenitentiam agere, nihil significat aliud, quam
peccata vere agnoscere, serio dolere, a peccatis in posterum
abstinere. Marci 1, 15. *Agite poenitentiam, et credite Evangelio,*
Luc. 24, 47. *Oportet praedicari poenitentiam et remissionem
peccatorum.* Act. 20, 21. *Testificans poenitentiam et fidem.* 30

* *13. Accommoda et hanc distinctionem ad praesentem controversiam ?*

Priore sensu accepta vox poenitentiae, pertinet ad doctrinam legis et Evangelii simul: sed diverso respectu:

10ff. SD V, 7, S. 954.   **24ff.** SD V, 8, S. 954.   **32ff.** SD V,
72ff., S. 954.

Posteriore vero sensu, ad solam Legem pertinet: ex qua
sola est agnitio peccati. Rom. 3, 20.

14. Potestne vero Lex arguere Incredulitatem, de qua nihil novit?

Imo vero potest: Lex enim incredulitatem arguit, qua-
5 tenus omnem dubitationem aut diffidentiam de quovis verbo
DEI, et sic etiam de Verbo Evangelii arguit, accusat et
damnat.

LOCUS DUODECIMUS
DE IUSTIFICATIONE HOMINIS PECCATORIS
10   CORAM DEO

† *1. Quid significat verbum iustificare in hoc Articulo?*

Significat idem quod absolvere a peccatis et aeternis peccatorum suppliciis: sive iustum pronunciare: Quo sensu verbum
hoc passim in Scripturis accipitur:
15   Proverb. 17, 15. *Qui iustificat impium, et condemnat Iustum:
Uterque abominatio est coram DEO.*
        Esa. 5, 23. *Vae illis, qui iustificant impium, propter munera,
et iustitiam iusti auferunt ab eo.*
        Rom. 8, 33. *Quis accusabit Electos DEI? DEUS est, qui*
20 iustificat, hoc est, qui a peccatis absolvit.

2. Quomodo definis Iustificationem Hominis coram Deo?

Iustificatio est opus DEI, quo hominem peccatorem, cre-
dentem in CHRISTUM, ex mera gratia, sive gratis a peccatis
absolvit: eique peccatorum remissionem donat, Iustitiamque
25 CHRISTI ita imputat, ut plenissime reconciliatus, et in Filium
adoptatus, a peccati reatu ac supplicio liberetur, et aeternam
beatitudinem consequatur.

† *3. Quibus ergo partibus absolvitur nostra coram Deo Iustitia?*

Duabus: quarum una est privativa. DEUS enim aufert id,
30 quod nobis inest, hoc est, remittit peccata ex mera gratia,

---

4ff. SD V, 19, S. 958.   **12ff.** Ep. III, 7, S. 783; SD III, 17, S. 919.

absque ullo operum nostrorum respectu. Altera est positiva. DEUS enim donat nobis id, quod nobis non inest, sive inhaeret: hoc est, imputat nobis iustitiam obedientiae Christi. Quae utraque pars uno Imputationis vocabulo in Scripturis exprimitur, Rom. 4. Unde iustitia etiam nostra dicitur Imputativa. 5

4. Ut plenius haec intelligam, scire cupio, Quotnam et quas causas Iustificationis nostrae constituas?

Tres sunt Iustificationis nostrae causae: 1. Gratia DEI. 2. meritum Christi. 3. Fides, quae haec ipsa beneficia DEI, 10 in promissione Evangelii amplectitur.

† *5. Quid intelligis per Gratiam DEI?*

Non infusum charitatis habitum, uti Pontificii somniant: sed gratuitum vereque paternum misericordiae divinae favorem, et immensum amorem DEI, quo ipse, nullo prorsus 15 nostro motus merito, ad miserationem nostri fuit impulsus: et propter unicum meritum, sive obedientiam Filii, fide apprehensam, credentes in gratiam recipere, peccata condonare, et tandem aeternum salvare constituit.

† *6. Eodemne modo Scriptura quoque Gratiam Dei, hoc in Articulo definit?* 20

Maxime: Ephes. 2, 4. *DEUS, qui dives est in misericordia, pro immensa charitate sua, dilexit nos, et cum peccatis essemus mortui, cum Christo nos vivificavit, ut ostenderet abundantes divitias GRATIAE suae in bonitate, erga nos.*

2. Tim. 1, 9. *Deus salvavit nos non ex operibus nostris: sed* 25 *ex gratia, quae data est nobis in Christo, ante tempora secularia.* Tit. 3, 5. *Ex sua misericordia salvavit nos.* Rom. 3, 24. *Iustificamur GRATIS,* hoc est, ipsius gratia, *per Redemtionem factam in Christo.*

* *7. Cur meritum Christi refers inter causas Iustificationis nostrae?* 30

Propter duas causas, primo: Quia Gratia et misericordia DEI in Christo est fundata, et extra meritum hoc Christi, nemini obtingit. Deinde Quia *SOLUS CHRISTUS calcavit torcular irae divinae:* Esa. 63, 3. *et liberavit nos e potestate mortis*

et inferni Oseae 13, 14. *a maledictione legis* Gal. 4, 5. *a servitute mortis, et dominio illius, qui mortis habebat imperium,* diaboli scilicet Hebr. 2, 14 et 15. Quia *sua obedientia et iustitia constituit nos iustos,* Rom. 5, 19. et cap. 10, 4. Quia denique
5 meritum Christi satisfecit iustitiae divinae.

† 8. Quid per Meritum Christi intelligis?

Intelligo obedientiam Christi: non eam tantum, qua patri obedivit, per totam passionem et mortem: sed et qua, nostra causa, sponte sese legi DEI subiecit, eamque obedientia illa
10 sua implevit: ita ut DEUS, propter totam Christi obedientiam, quam agendo et patiendo pro nobis praestitit, peccata nobis remittat, pro bonis et iustis nos reputet, et salute aeterna donet. Rom. 5, 19. *Sicut per unius hominis inobedientiam peccatores constituti sunt multi: ita per unius obe-*
15 *dientiam iusti constituuntur multi.*

* 9. Estne Christus Iustitia nostra vel secundum divinam tantum: vel secundum humanam duntaxat: an vero secundum utramque naturam?

Non secundum divinam tantum, ut Osiander somniavit: non secundum humanam tantum, uti Stancarus deliravit:
20 sed secundum utramque naturam Christus nostra est iustitia, quippe qui ut DEUS et HOMO, in sola sua, tota, et perfectissima obedientia, nostra est iustitia. Humana enim natura sola, sine divinitate aeterno et omnipotenti DEO, neque obedientia, neque passione, pro TOTIUS MUNDI peccatis satis-
25 facere, et infinitam iram DEI placare valuisset. Divinitas vero sola, sine humanitate, inter DEUM et nos, Mediatoris partes implere non potuisset.

* 10. Ex Scripturis velim demonstres, Christum secundum utramque naturam, nostram esse iustitiam?

30 Iesa. 35, 4. *DEUS ipse veniet et salvabit nos.*
Ierem. 23, 6. *Iehova iustitia nostra.*
Rom. 8, 32. *DEUS PROPRIO FILIO non pepercit, sed pro nobis omnibus tradidit illum.*
Gal. 4, 4. *DEUS misit FILIUM suum legi subiectum, ut eos,*
35 *qui sub lege erant,* REDIMERET, *etc.*

7ff. SD III, 15, S. 918f.   **18ff.** SD III, 56, S. 933f.

1. Ioh. 3, 8. *In hoc apparuit* FILIUS DEI, *ut dissolveret opera Diaboli.*

2. Cor. 5, 18. DEUS *erat in Christo mundum sibi ipsi reconcilians.*

Coloss. 1, 20. DEUS *in Christo reconciliavit omnia, pacificans* 5 *per sanguinem crucis eius: sive quae in terris, sive quae in coelis sunt.*

1. Tim. 2, 5. *Unus est mediator* DEI *et hominum,* HOMO *Iesus Christus.*

† *11. Cur Fidem numeras inter causas iustificationis nostrae?*   10

Quia sola fides est illud medium et instrumentum, quo Gratiam DEI, meritum Christi, et in ipso iustitiam illam, quae coram iudicio DEI consistere potest, apprehendere et accipere possumus.

12. Quid est Fides iustificans?   15

Fides iustificans non est nuda tantum notitia historiae de Christo: sed est ingens atque tale DEI donum, quo Christum redemtorem nostrum, in verbo Evangelii recte agnoscimus, ipsique confidimus: quod videlicet propter solam ipsius obe- dientiam, ex gratia, remissionem peccatorum habeamus, 20 sancti et iusti coram DEO patre reputemur, et aeternam salutem consequamur.

* *13. Idemne Scriptura sacra de Fide iustificante adstruit?*

Idem omnino: Nam initio Fidem non esse nudam historiae notitiam, aut generalem tantum assensum, qui in Epicuraeos 25 etiam, imo vero in ipsos Diabolos cadit, qui tamen non iusti- ficantur: luculenter patet vel ex uno dicto Iacobi, 2, 19. *Tu credis, quod unus est* DEUS, *bene facis, et Daemones credunt, et contremiscunt.*

* *14. Ergone Fides iustificans non debet definiri per notitiam?*   30

Imo vero: Nam haec ipsa notitia, sive generalis assensio, in Fide salvifica vel maxime requiritur, et quasi praesuppo- nitur. Esa. 53, 11. *In scientia sua iustificabit ipse iustus servus meus multos.*

11ff. Ep. III, 5, S. 782f.; SD III, 31, S. 924.   16ff. Ep. III, 6, S. 783.   24ff. CA XX, 23, S. 79; Ap. IV, 55ff., S. 171f.

* *15. Unde vero probas Fidem esse etiam firmam Fiduciam ?*

Fidem iustificantem esse Fiduciam apprehendentem promissionem Evangelii vel inde constat, quod Scriptura eam nominat πληροφορίαν, hoc est, certam animi de salute nostra
5 persuasionem. Rom. 4, 21. Coloss. 2, 2. Hebr. 6, 11. Item πεποίθησιν, plenam fiduciam, Rom. 8, 38. 2. Cor. 3, 4. Eph. 3, 12. Item παρρησίαν, quae sine omni metu ac trepidatione confidat gratiae ac misericordiae divinae, Ephes. 3, 12. Hebr. 3, 6. 1. Ioh. 2, 28. Item ὑπόστασιν et ἔλεγχον, immotam basin
10 ac fundamentum indubiumque argumentum, quo credens in conscientia, de certitudine earum rerum, quas credit, convincitur. Hebr. 11, 1.

† *16. Quodnam est obiectum verum ac proprium Fidei iustificantis ?*

Est promissio Evangelii propria, de gratuita peccatorum
15 remissione, per et propter meritum Christi, firma fiducia apprehensum, vel quod eodem recidit: Obiectum Fidei iustificantis, est meritum Christi in promissione Evangelii oblatum.

17. Proba ex Scripturis, Fide iustificari Hominem ?

20 Rom. 3, 28. *Arbitramur Hominem iustificari per Fidem sine operibus legis.*

Gal. 2, 16. *Scientes, quod non iustificetur homo ex operibus Legis, nisi per Fidem Iesu Christi: et nos in Christum Iesum credimus, ut iustificemur ex Fide Christi, et non ex operibus*
25 *legis.*

† Phil. 3, 9. *Ut inveniar in Christo, non habens meam iustitiam, sed eam, quae ex Deo est iustitia, in fide, ad agnoscendum illum, et virtutem Resurrectionis eius.*

Eph. 2, 8. *Gratia salvati estis, per fidem, et hoc non ex*
30 *vobis: Dei enim donum est, non ex operibus, ne quis glorietur.*

**18. Sed fortassis id tantum sibi volunt haec Testimonia, Fidem praestare initium Iustificationis, quae postea per opera perficiatur et consummetur?*

Minime vero: Diversum enim vel inde liquidissime patet, quod Paulus scribit, Abrahamum coram Deo iustificatum
35 esse, sola Fide, propter mediatorem sine operibus: idque non

---

14ff. SD III, 25, S. 922.   **20ff.** Ap. IV, 73, S. 174; Ap. IV, 93, S. 180.   **33ff.** SD III, 33f., S. 925.

tantum, cum primo ab Idololatria conversus, nulla bona
opera haberet, Gen. 11, 31., sed etiam cum postea per Spiritum Sanctum renovatus, multis praeclaris bonis operibus
ornatus esset, Gen. 15, 6. Rom. 4, 3. Hebr. 11, 8. et seqq.

Quid? quod Apostolus ex professo movens quaestionem, 5
in quanam re Abrahami iustitia coram DEO, propter quam
DEO placuerit, et acceptus ac haeres regni DEI fuerit, posita
et constituta fuerit? his verbis respondet: *Ei, qui non operatur,* CREDENTI *autem in eum, qui iustificat impium, reputatur*
FIDES *eius ad iustitiam:* sicut et David dicit: *Beatitudinem* 10
hominis esse, cui DEUS *acceptam fert iustitiam sine operibus.*

† *19. Cum in hoc articulo frequens sit usus particularum exclusivarum*
(SOLA FIDE, TANTUM per Fidem etc.) scire velim,propter quas causas,
earum usus sit retinendus?

Propter tres potissimum causas. I. Ut omnia nostra opera, 15
sive Antecedentia sive consequentia, sive praesentia, omnis-
que eorum dignitas et Fiducia, ex Articulo Iustificationis
penitus excludatur.

II. Ut hoc officium et haec proprietas fidei solius sit,
maneatque, quod videlicet sola Fides, et nulla prorsus res 20
alia, sit illud medium et instrumentum, quo DEI gratia et
meritum Christi, in promissione Evangelii apprehendatur,
accipiatur, nobisque applicetur.

III. Ut neque Renovatio, neque sanctificatio, aut ullae
aliae virtutes, tanquam Forma, aut pars, aut causa Iusti- 25
ficationis, quocunque praetextu, titulo ac nomine, Articulo
Iustificationis, tanquam ad eam rem necessaria, aut pertinentia immisceantur.

* *20. Ergo Fides in Iustificationis articulo potest esse sine bonis operibus?*

Minime vero: Neque enim hoc pacto, Fides et bona opera 30
ita a se invicem divelluntur, quasi Fides aliquando, et ali-
quandiu stare possit cum malo proposito: sed distinguuntur
isthaec respectu ordinis causarum et effectuum, Anteceden-
tium et consequentium.

* *21. Hoc planius explica?*   35

1. Bona opera non praecedunt Fidem: sed sequuntur.
Cum enim persona iam est iustificata: tum etiam per Spiritum

15 ff. SD III, 37 ff., S. 926 f.   **30 ff.** SD III, 41, S. 927 f.
36 ff. SD III, 41, S. 928.

Sanctum renovatur et sanctificatur: Ex qua renovatione
deinceps fructus, hoc est, Bona opera sequuntur.

2. Deinde, Etsi (ut Lutherus loquitur) bene conveniunt,
et sunt connexa inseparabiliter, Fides et opera: sola tamen
5 Fides est, quae apprehendit benedictionem sine operibus: et
tamen nunquam est sola.

* 22. *Unus adhuc me vellicat Scrupulus, nempe quod Iacobus cap. 2*
affirmat, Hominem non iustificari fide, sed operibus?

Non pugnat Iacobus cum Paulo, id quod duabus ratio-
10 nibus probari potest. Nam primum Paulus considerat Fidem
in conspectu DEI: ubi illa sola apprehendit meritum Christi,
et sic ad iustitiam a Deo imputatur: Iacobus vero quaerit
qua in re, et quonam indicio Homo vel in seipso, vel in aliis
hominibus, veram et vivam fidem, item mortuam et simula-
15 tam fidem, agnoscere et discernere possit? Ubi Iacobus eam
vocat mortuam fidem, quam non bona opera et fructus Spiritus sequuntur. Et ideo recte negat, nos tali fide iustificari,
quae est sine operibus, hoc est, quae est mortua: imo proprie
fides non est, sed inanis persuasio et hypocrisis.

20   * 23. *Quae est altera diversitatis ratio, inter Paulum et Iacobum?*

Altera in eo consistit, quod Paulus agit de hominibus
coram DEO iustificandis, ubi sola Fides apprehendens gratiam DEI et meritum Christi locum obtinet: Iacobus vero
agit de hominibus iam per Fidem iustificatis, sed per bona
25 opera hoc in mundo agnoscendis.

LOCUS DECIMUS TERTIUS
DE PRAEDESTINATIONE

* 1. *Quomodo differunt aeterna DEI praescientia, et aeterna eiusdem*
praedestinatio?

30   Praescientia vel praevisio DEI, qua ille omnia antequam
fiant, praevidet et praescit, ad omnes creaturas, tam malas
quam bonas extenditur. Aeterna vero Electio sive Praedestinatio DEI ad salutem, non simul ad bonos et ad malos

---

9ff. Ap. IV, 246ff., S. 208.   30ff. Ep. XI, 7, S. 817f.; SD XI, 5, S. 1065.

pertinet: sed tantum ad filios DEI, qui ad aeternam vitam
consequendam electi et ordinati sunt, priusquam mundi fundamenta iacerentur: ut Apostolus testatur, inquiens: *Prae-*
destinavit nos in adoptionem filiorum, per Iesum Christum,
in ipsum. 5

* *2. Unde petenda est sana doctrina de aeterna Dei praedestinatione ?*

Non certe ex arcano aliquo, coelesti et imperscrutabili
DEI consilio: quasi nihil praeterea ad aeternam DEI praedestinationem requiratur, nisi quod DEUS praeviderit, quinam et quot homines salutem sint consecuturi: et qui, quam- 10
que multi in aeternum sint perituri: aut quasi DEUS militarem quendam delectum instituerit, atque dixerit: Hic sal-
vandus est: Ille vero damnandus: hic ad finem usque in fide
constans perseverabit: ille vero non perseverabit. Hae certe
cogitationes aut securitatem et impoenitentiam, aut an- 15
gustias et desperationem, in mentibus hominum gignunt et
confirmant.

* *3. Num forte rationis nostrae iudicium de aeterna DEI praedestinatione*
audiendum sequendumque fuerit ?

Absit per omnem modum: Hoc enim eiusmodi suggerit 20
cogitationes: Si DEUS me ad aeternam salutem elegit, non
potero damnari, quicquid etiam designavero. Contra vero si
non sum electus ad vitam aeternam, nihil plane mihi pro-
fuerit, quantumcunque boni fecero: Omnes enim conatus
mei irriti erunt. Hae profecto et similes cogitationes vel vitae 25
Epicureae nos tradunt, vel in desperationem praecipitant.

† *4. Unde ergo petenda est doctrina sana, de aeterna Dei Praedestinatione ?*

Ex verbo DEI revelato: sed non ex verbo Legis, quippe
quod iram operatur. Rom. 4, 15. verum tantum ex verbo
Evangelii, quod nos deducit ad Christum, qui est Liber ille 30
vitae, in quo omnes inscripti sunt, qui salutem aeternam
consequuntur: quique omne propositum, consilium, voluntatem et ordinationem DEI explicat.

---

4 Eph. 1, 4. 7ff. SD XI, 9, S. 1066. 20ff. Ep. XI, 9, S. 818.
28ff. Ep. XI, 13, S. 819; SD XI, 14, S. 1068.

5. *Quid est aeterna DEI Praedestinatio ?*

Praedestinatio sive Electio est voluntatis divinae propositum et decretum ab aeterno factum, quo DEUS ex mera
misericordia in CHRISTO ad vitam aeternam elegit, et salvare
5 constituit eos omnes, qui in CHRISTUM vere credunt, et in ea
fide ad finem usque perseverant: reliquis omnibus, propter
finalem incredulitatem, aeternae damnationi adiudicatis.

* 6. *Ut plenius definitionem hanc percipiam, ostende quaeso, quidnam Deus in aeterno illo suo consilio et proposito decrevit ?*

10 Consilium sive propositum Divinae Praedestinationis octo
distinctis gradibus absolvitur: qui sunt Redemtio, Vocatio,
Conversio, Iustificatio, Sanctificatio, Conservatio, in omnibus calamitatibus, finalis Confirmatio, Glorificatio.

* 7. *Quid de Redemtione decrevit Deus ?*

15 Decrevit, ut universum genus humanum vere redimeretur,
atque cum DEO per Christum reconciliaretur.

* 8. *Quid de vocatione decrevit DEUS ?*

Ut Christi meritum, eiusque beneficia per verbum et Sacramenta omnibus hominibus offerrentur, exhiberentur, et distri-
20 buerentur.

* 9. *Quid de Conversione ?*

Decrevit etiam, se Spiritu suo Sancto per verbum annunciatum, auditione perceptum, et memoriae commendatum,
velle in nobis efficacem esse: et corda ad veram poenitentiam
25 agendam inflectere, et in vera fide conservare.

* 10. *Quid de Iustificatione ?*

Illius aeternum propositum est, quod omnes, qui poenitentiam vere agunt, et Christum vera fide amplectuntur, iustificare, et in gratiam recipere, et in filios ac haeredes vitae
30 aeternae adoptare velit.

* 11. *Quid de Sanctificatione decrevit DEUS ?*

Quod fide iustificatos, in vera charitate sanctificare velit:
Eph. 4.

---

15 ff. SD XI, 15, S. 1069.   **32** Eph. 4, 24.

* 12. Quid de Conservatione ?

Idem DEUS in aeterno suo consilio proposuit, se iustificatos in multiplici et varia ipsorum infirmitate, adversus Diabolum, mundum et carnem defensurum, et in viis suis gubernaturum, et si lapsi fuerint, manum suppositurum, ut in cruce atque 5 tentationibus solidam consolationem percipiant, atque ad vitam conserventur.

* 13. Quid de Finali Confirmatione ?

Decretum illius aeternum est, quod opus illud bonum a se, in illis coeptum, promovere atque confirmare, et ad finem 10 usque conservare velit: si modo verbo ipsius, tanquam sci- pioni constanter innitantur, ipsius opem implorent, et dona accepta fideliter et bene collocent.

* 14. Quid de Glorificatione ?

Ille idem DEUS in aeterno suo consilio decrevit, quod eos, 15 quos elegit, vocavit, iustificavit, in altera aeterna illa vita salvos facere et aeterna gloria ornare velit.

* 15. Sed forte in genere tantum Deus isthaec decrevit, nullo speciali habito respectu ad Electos ?

Non in genere tantum salutem suorum sic procuravit 20 DEUS: sed etiam OMNES et singulas personas ELECTORUM, (qui per Christum salvandi sunt) clementer PRAESCIVIT, ad salutem ELEGIT; et decrevit, quod eo modo, quem iam recita- vimus, IPSOS (electos) per suam gratiam, dona atque effica- ciam, salutis aeternae participes facere, iuvare, eorum salu- 25 tem promovere, ipsos confirmare atque conservare velit.

* 16. Num vero omnia illa octo requisita ad decretum Electionis pertinent?

Maxime: neque quicquam horum excludendum est, aut omittendum, quando de proposito DEI, praedestinatione, electione, et ordinatione ad vitam aeternam agitur.   30

---

11 1622: ipsius opem ardentibus precibus implorent, in gratia D E I perseverent, et dona accepta ...   **20ff.** SD XI, 23, S. 1070. **28ff.** SD XI, 24, S. 1070.

† *17. Ex Scripturis velim demonstres, Deum ita misertum esse generis humani, ut omnes voluerit salvos ?*

Perspicue docet Evangelium, quod *Deus omnes sub incredulitatem concluserit, ut omnium misereretur*, Rom. 11, 32.
5 Et Christus ipse Ioh. 3, 16. *Sic Deus dilexit* MUNDUM, *ut filium suum unigenitum daret, ut omnis qui credit in ipsum, non pereat, sed habeat vitam aeternam.*

Et Paulus: *Deus vult omnes homines salvos fieri, et ad agnitionem veritatis venire*, 1. Tim. 2, 4.
10 Et Petrus: *Non vult Deus ullos perire: sed omnes ad poenitentiam converti*, 2. Pet. 3, 9.

† *18. Voluitne etiam Deus omnes pariter homines per Filium suum redimi ?*

Maxime voluit: Ies. 53, 6. *Dominus posuit super ipsum*
15 *iniquitates* OMNIUM *nostrum.*

Rom. 5, 18. *Sicut per unius hominis delictum reatus venit in omnes ad condemnationem: sic et per unius Iustitiam gratia redundavit in omnes homines ad iustificationem vitae.*

2. Cor. 5, 15. *Pro omnibus mortuus est Christus.*
20 1. Tim. 2, 6. *Christus dedit seipsum in pretium redemtionis pro* OMNIBUS.

1. Ioh. 2, 2. *Ipse est propitiatio pro peccatis nostris, non pro nostris autem tantum, sed pro totius mundi peccatis.*

Hinc Christus omnes peccatores ad se vocat, et promittit
25 illis refectionem. Et serio vult, ut omnes homines ad se veniant, et sibi consuli et subveniri sinant. His sese Redemtorem in verbo offert, et vult, ut verbum audiatur: et promittit se largiturum virtutem et operationem Spiritus Sancti, et auxilium divinum, ut in fide constantes permaneant, et
30 vitam aeternam consequantur.

† *19. Hoc ipsum confirmari velim, nempe Deum per verbum Evangelii omnes homines vocari curasse ad Christum ?*

Illud vel inde evidenter liquet, quod Christus iussit praedicari in nomine suo poenitentiam et remissionem peccatorum,
35 IN OMNES GENTES, Luc. 24, 47. Quod sonus verbi praedicati exivit in omnem terram: et in fines orbis terrae: Psal. 19, 5.

3ff. Ep. XI, 10, S. 818; SD XI, 28, S. 1071f.   **14ff.** Ep. XI, 8, S. 818.   **33ff.** SD XI, 28, S. 1071f.; 39, S. 1075.

Rom. 10, 18, quod praedicatum est Evangelium omni creaturae, quae sub coelo est. Coloss. 1, 23. Quod omnes gentes
baptizari praecepit, Marc. 16,15. Quod omnes iussit bibere ex
calice benedictionis, Matth. 26,27. Quod denique promisit,
Spiritum Sanctum, cum verbo praedicato, audito, et dili- 5
genter considerato, praesentem atque efficacem futurum.

* *20. Estne vero Universalis haec vocatio, ex parte DEI, seria ?*

Absit existimemus vocationem hanc DEI, quae per verbum Evangelii nobis offertur, esse simulatam et fucatam:
sed certo statuamus, DEUM nobis voluntatem suam maxime 10
seriam revelare: quod videlicet in iis, quos per verbum Evangelii vocat, efficax esse velit, ut illuminentur, convertantur
et salventur. Et quidem usque adeo seria est haec voluntas
DEI, ut lachrymis etiam prosequatur impoenitentiam pereun-
tium, et sancte attestetur, se nolle mortem morientium, sed 15
colligere illos voluisse, quemadmodum gallina pullos suos
colligit. Ezech. 18,23. et cap. 33, 11. Matth. 23, 37. Luc. 19,4.

† *21. Estne aeterna Dei Electio aeque Universalis, atque Universalis est*
Misericordia DEI, Universalis Redemtio: Universalis vocatio ?

Minime vero: Hic enim locum habet illud Christi: *Multi* 20
vocati sunt, PAUCI electi. Et nequaquam sentiendum est, eos
etiam in Electorum numero habendos, qui verbum DEI con-
temnunt, repellunt, execrantur atque persequuntur: qui
audito verbo corda sua contra illud obturant: qui Spiritui
Sancto resistunt: qui in peccatis absque poenitentia per- 25
severant: neque in Christum vere credunt.

† *22. Qui sic vero ?*

Ideo, quia sicut DEUS in aeterno suo consilio ordinavit, ut
Spiritus Sanctus electos per verbum vocet, illuminet, con-
vertat atque omnes illos, qui Christum vera fide amplec- 30
tuntur, iustificet, atque in eos aeternam salutem conferat:
Ita in EODEM (aeterno) suo consilio decrevit, quod eos, qui
per verbum vocati, illud repudiant, et Spiritui Sancto (qui in
ipsis per verbum efficaciter operari vult) resistunt, et obsti-

---

8ff. SD XI, 29, S. 1072.   **20ff.** SD XI, 34, S. 1073; SD XI, 39,
S. 1075.   **28ff.** SD XI, 40, S. 1075.

nati in ea contumacia perseverant, indurare, reprobare, et
aeternae damnationi devovere velit.

* *23. Sic ergo particularitatis huius causa non haeret penes Deum?*

Rectissime infers: Quod enim multi vocati, pauci vero
5 electi sunt, eius rei causa non est vocatio divina, quae per
verbum fit, quasi Deus nolit, ut omnes per illud convertantur
et salventur. Hoc enim esset Deo contradictorias voluntates
affingere: quasi is, qui aeterna veritas est, secum ipse dissen-
tiret: aut aliud loqueretur, aliud vero corde premeret. Quam
10 levitatem Deus ipse in hominibus arguit et punit. Quid? quod
hac ratione fundamentum fidei nostrae everteretur, quod
Dei verbo unice innititur, et ex eo de voluntate Dei erga
salutem nostram nos certos facit.

* *24. Quaenam igitur est causa, quod aeterna Dei Electio non est*
15   *Universalis, sed particularis?*

Causa est ipsorum hominum impietas et contumacia.
Pauci enim verbum Dei serio recipiunt, eique sincere obtemperant: maior pars contemnit verbum, neque ad nuptias illas
regias vult comparere: Multi quidem verbum Dei initio
20 magno gaudio recipiunt: sed postea rursus deficiunt, et a
sancto Dei praecepto rursus, et quidem petulanter sese
avertunt.

† *25. In quo facta est Electio?*

In solo Christo:
25 Ephes. 1, 4. *Deus elegit nos in Christo, antequam mundi
fundamenta iacerentur.* Et versu 6. *Deus gratiosos nos sibi
reddidit in dilecto.*

Proinde tota sacratissima Trinitas, *Pater, Filius, et Spiritus Sanctus*, ablegat omnes homines ad Christum, tanquam
30 ad librum vitae, ut in eo aeternam patris praedestinationem
investigent et cognoscant. Unde Christus ipse inquit: *Nemo
venit ad patrem, nisi per me*: Ioh. 14, 6. Et: *Ego sum ostium:
si quis per me introierit, salvabitur*, Ioh. 10, 9.

4ff. SD XI, 35f., S. 1074.   **16ff.** SD XI, 41f., S. 1076.
25ff. SD XI, 65f., S. 1082.

* *26. Bene: Christus autem est redemtor omnium hominum: Iam si
Electio facta est in Christo; Utique in Christo omnes homines sunt electi;
et per consequens Electio Universalis est statuenda?*

Christus in decreto Electionis consideratur non tantum ut
Universalis Mediator: sed et quatenus ipse ab hominibus Fide 5
actu apprehenditur. His enim verbis ipsemet voluntatem
patris coelestis, atque Electionem nostram ad vitam aeternam annunciavit: *Poenitentiam agite, et* CREDITE *Evangelio,*
Marc. 1, 15. Et alio loco: *Haec est* VOLUNTAS EIUS, QUI
MISIT ME, UT QUI FILIUM VIDET *et* CREDIT *in eum, habeat* 10
vitam aeternam, Ioh. 6, 40. Et alibi: *Sic* DEUS *dilexit mun-*
dum, ut Filium suum unigenitum daret, ut omnis, QUI CREDIT
in eum, non pereat, sed habeat vitam aeternam, Ioh. 3, 16.

* *27. Ergone statuis,* DEUM *respectu praevisae fidei elegisse homines?*

Quidni statuerem, cum Scriptura sacra hoc ipsum diluci- 15
dissime affirmet? Certe Apostolus Ephes. 1, 5. asserit: DEUM
elegisse nos in adoptionem filiorum DEI. Iam vero *Christus*
dedit potestatem filios DEI *fieri, non his, qui ex sanguinibus,*
non qui ex voluntate carnis, non qui ex voluntate viri, sed qui
ex DEO *nati sunt,* hoc est, (interprete Iohanne) *qui credunt in* 20
nomen ipsius, Ioh. 1, 12.

Hinc Servator, Ioh. 17, 20. Electos describens, inquit:
Non oro pro his tantum, sed et pro illis, qui per sermonem
illorum credituri sunt in me.

2. Thess. 2, 13. *Elegit vos* DEUS *ab initio ad salutem, per* 25
sanctificationem Spiritus, et FIDEM *veritatis.*

1. Tim. 1, 16. *Apostolus Electos nominat, qui credituri sunt*
in Christum ad vitam aeternam.

Iacob. 2, 5. *Nonne* DEUS *elegit pauperes huius mundi, divi-*
tes in FIDE? 30

Unde Epitome Concordiae evidenter infert, quod DEUS in
AETERNO suo consilio decreverit, quod PRAETER eos, QUI
Filium eius Iesum Christum agnoscunt, et IN EUM VERE
CREDUNT, NEMINEM SALVUM facere velit.

4ff. SD XI, 67, S. 1082f. **15ff.** SD XI, 87, S. 1088. **31ff.** Ep.
XI, 13, S. 819.

28. Sed videtur Deus in causa esse, quod non omnes credant: siquidem non omnibus donat Fidem?

Absit ut statuamus Deum ulli hominum vel fidem, vel consequenter salutem invidere: Quin ipsi potius Reprobi per-
5 ditionis suae causa sunt, et culpam sustinent: propterea quod verbum non ea intentione, aut eo proposito audiverunt, ut illud serio et cum desiderio discerent: sed potius ut auditum verbum spernerent, blasphemarent, convitiis proscinderent, et Spiritui Sancto, qui per verbum in ipsis operari volebat,
10 resisterent.

† *29. Posuisti supra inter notas Electorum etiam perseverantiam: scire proinde cupio, an Electi possint esse certi de sua perseverantia in fide?*

Imo certissimi: Initio enim noverunt Electionem et salutem suam unice fundatam esse in Christo, adversus quem ne
15 portae quidem inferorum quicquam praevalere possunt. Matth. 16, 18.

Deinde Spiritus Sanctus in electis habitat, ut in templo suo: et in ipsis non est otiosus, sed impellit eos, ad obedientiam mandatis Dei praestandam: Imo perhibet ipsis testi-
20 monium, quod sint Filii Dei.

Tandem certo sciunt, Deum se invocantes exaudire, Luc. 11, 13. *Si vos, cum mali sitis, bona dona vestris filiis dare potestis, quanto magis pater vester coelestis dabit Spiritum Sanctum petentibus.*

25   *30. Siccine ergo Electi non possunt excidere gratia Dei?*

Imo vero possunt: sed ita, ut per veram poenitentiam et fidem sese rursus virtute Spiritus Sancti ad Deum convertant, et ad viam redeant. Nisi enim redirent, non essent in numero Electorum, sed eorum tantum, qui ad tempus credunt, tem-
30 pore autem persecutionis deficiunt et damnantur.

*   *31. Estne certus numerus Electorum?*

Est respectu praescientiae vel potius omniscientiae divinae: non vero respectu fatalis alicuius aut absoluti decreti. Dubium enim non est, quin Deus exactissime et certissime

3 ff. SD XI, 79, S. 1085 f.   13 ff. Ep. XI, 5, S. 817.   17 ff. SD XI, 73 f., S. 1084.   21 ff. SD XI, 72, S. 1084.   26 ff. SD XI, 75, S. 1085.   28 1622: vitam   34 ff. SD XI, 54, S. 1079.

ante tempora mundi praeviderit, et hodie etiam noverit, quinam ex eorum numero, qui vocati sunt, in Christum credituri, aut non credituri sint: qui ex conversis in fide perseveraturi, qui non: et qui in peccata gravia prolapsi reversuri sint, et qui in sceleribus perituri. Ac proinde haud dubie salvandorum et damnandorum numerus DEO probe notus est. 5

LOCUS DECIMUS QUARTUS.
DE BONIS OPERIBUS

† *1. Vultne DEUS, ut credentes in bonis operibus ambulent?*

Nulla prorsus de hoc est dissensio, quod omnes quidem 10 homines, praecipue vero illi, qui per Spiritum Sanctum regenerati sunt et renovati, ad bona opera facienda, debitores sint:

Matth. 5, 16. *Sic luceat lux vestra coram hominibus, ut videant opera vestra bona.*

2. Cor. 9, 8. *Abundetis in omne opus bonum.* 15

1. Thess. 4, 7. *Non vocavit nos DEUS ad immunditiam, sed ad sanctificationem.*

Ephes. 2, 10. *Ipsius creatura sumus, creati in Christo Iesu ad bona opera, quae DEUS praeparavit, ut in illis ambulemus.*

Et quam impossibile est, ut bona arbor malos fructus ferat, 20 Mat. 7, 18: tam impossibile est, ut fide iustificatus destituatur bonis operibus.

2. Quid sunt bona opera?

Bona opera sunt internae et externae actiones divinitus mandatae, et decalogo comprehensae: ac fiunt a Renatis, fide 25 per Spiritum Sanctum, ad gloriam DEI, et ad nostram DEO declarandam tum obedientiam, tum gratitudinem.

3. Ergone statuis nulla opera esse vere Bona, nisi quae a DEO ipso sunt praecepta?

Omnino: Neque enim opera vere bona sunt, quae quisque 30 bona intentione ipsemet excogitat, aut quae secundum huma-

9ff. Ep. IV, 8, S. 788; SD IV, 7, S. 940; CA VI, S. 60; XX S. 75ff. **29ff.** SD IV, 7, S. 940.

nas traditiones fiunt: sed ea, quae DEUS ipse in verbo suo
praescripsit atque praecepit.

Deut. 12, 8 et 32. *Non faciat quisque, quod in oculis ipsius
rectum videtur: sed quod praecipio tibi, hoc TANTUM facias, ne
addas quicquam, nec minuas.*

4. Quomodo fiunt vere bona opera ?

Opera vere bona non propriis naturalibus viribus, sed tum
demum fiunt, cum persona per fidem cum DEO est reconciliata, et per Spiritum Sanctum renovata, et in Christo Iesu
denuo ad bona opera creata. Eph. 2, 10.

5. Placentne, et cur placent bona opera DEO ?

Placent et accepta sunt DEO bona opera, propter Dominum nostrum Iesum Christum fide apprehensum: quae fides
facit, ut persona DEO sit grata et accepta.

* 6. Ergone Gentilium Bona opera non placent Deo ?

Etsi opera illa, quae ad conservandam externam disciplinam faciunt, qualia etiam ab infidelibus, et non ad DEUM
conversis fiunt, suam coram mundo dignitatem et laudem
habent: et temporalibus quibusdam praemiis, hoc in mundo,
a DEO ornantur: tamen cum non ex vera fide proficiscantur,
revera coram DEO sunt peccata, hoc est, peccatis contaminata:
et a DEO pro peccatis et immundicia reputantur, quia persona
cum DEO non est reconciliata. Mala enim arbor, non potest
bonos fructus ferre: *Et quicquid non est ex fide, peccatum est.*
Rom. 14, 23.

7. Propter quas causas facienda sunt bona opera ?

Sunt facienda bona opera: 1. propter mandatum DEI. 2.
Propter exercitium fidei. 3. Propter confessionem. 4. Propter
gratiarum actionem. 5. Propter praemia, quae his gratis promissa sunt et proposita.

8. Anne recte definiuntur praemia haec bonorum operum per ipsam Dei gratiam, qua iustificamur ?

Non: Gratiam enim DEI, remissionem peccatorum, Iustificationem et vitam aeternam: tantum fide, non nostris meri-

---

7ff. SD IV, 7, S. 940.   **12ff.** SD IV, 8, S. 940; Ap. IV, 189,
S. 197.   **16ff.** SD IV, 8, S. 940.   **27ff.** Ap. IV, 189ff., S. 197f.

tis, consequimur. Recte proinde definiuntur praemia bonorum operum, partim per bona huius vitae corporalia, partim vero per gradus gloriae in vita aeterna. Quae ipsa tamen praemia, non ex merito nostrorum operum, sed ex gratia DEI promittentis unice dependent.   5

† *9. Annon per bona opera mereri possumus Iustificationem nostram et vitam aeternam ?*

Minime vero: Nam Remissio peccatorum et Iustificatio sola fide apprehenditur: sicut testatur etiam vox Christi, Luc. 17, 10. *Si omnia feceritis, dicite, Servi inutiles sumus.*   10

Deinde opinio de meritis bonorum operum obscurat gloriam Christi, propterea quod homines DEO proponunt sua haec opera, tanquam pretium et propitiationem.

Tertio: turbatae conscientiae non inveniunt pacem in his operibus: sed alia super alia in veris terroribus cumulantes,   15 tandem desperant, quia nullum opus satis mundum inveniunt: ita ut Lex semper ea accuset et damnet.

Quarto: Qui confidunt suis operibus, nunquam assequuntur notitiam DEI: sed potius irati fugiunt DEUM iudicantem et affligentem: neque unquam sentiunt se exaudiri. At fides   20 ostendit, quod DEUS propter Filium GRATIS ignoscat et exaudiat.

Tandem pugnat cum Scriptura, quae nos sine operibus, sola fide iustificari et salvari affirmat, uti praecedente Articulo fuit ostensum.   25

† *10. Suntne bona opera necessaria, an vero libera ?*

Necessaria esse bona opera, non quidem ad salutem, sed propter causas alias, ex iam dictis, satis abunde constat. Requiruntur enim ea a credentibus, ut fructus fidei: et fides sine charitate mortua est, licet charitas non sit causa nostrae   30 salutis.

* *11. Videtur hoc pugnare cum libertate filiorum DEI, quippe quorum opera non sunt necessaria, sed Libera et spontanea ?*

Minime vero pugnant isthaec duo: id quod duplici observata distinctione planum evadit. Alia enim est necessitas   35

8ff. CA VI, 2, S. 60.   **14ff.** Ap. IV, 204f., S. 199; CA XX, S. 75ff.
27ff. SD IV, 1f., S. 936f.   **34ff.** Ep. IV, 1ff., S. 786f.

absoluta sive consequentis, quae in scholis Theologorum
vocatur Necessitas simplicis coactionis: Alia vero est Necessitas conditionata, sive ex hypothesi, quam Theologi Necessitatem ordinis, mandati, et voluntatis divinae, item necessi-
5 tatem debiti appellare consueverunt. Prior illa omnem agendi
Libertatem tollit: posterior vero haec Libertati est subordinata.

* *12. Quaenam est altera distinctio ?*

Illa respicit vocem Liberi, sive Libertatis, quae vel proprie,
10 vel improprie usurpatur. Proprie sumta opponitur servili
necessitati et coactioni: Improprie vero accepta, opponitur ordini, mandato, et debito legis. Lex enim non contra-
dictorie Libertati est opposita, sed ὑπαλλήλως subordinata.

* *13. Accommoda iam distinctiones istas ad propositum ζήτημα, et ostende,*
15 *Num bona opera sint Necessaria, an vero Libera ?*

Observatis istis distinctionibus liquet, Bona opera Renatorum esse et Necessaria et Libera. Necessaria autem non necessitate coactionis: sed tantum necessitate mandati, sive debi-
tae illius obedientiae, quam vere credentes, quatenus renati
20 sunt, non ex coactione, aut compulsu Legis: sed Libero et
spontaneo spiritu praestant: quandoquidem non amplius sub
lege sunt, sed sub gratia.

Rursum haec ipsa opera sunt Libera, Libertatis voce proprie sumta, quatenus videlicet renati operantur libero et
25 spontaneo Spiritu: non vero ita sunt libera, quod in hominis
renati arbitrio relictum sit, bene aut male agere, quando ipsi
visum fuerit: ut nihilominus tamen fidem retineat, etiamsi
in peccatis ex proposito perseveret.

† *14. Si necessaria sunt bona opera, num ad salutem ea sunt necessaria ?*

30 Fuerunt superioribus annis mox post obitum B. Lutheri
nostri, qui has phrases usurparunt: Bona opera sunt necessaria ad salutem: Impossibile est sine bonis operibus salvari:
Nemo unquam sine bonis operibus est salvatus. Sed certis et
gravibus de causis, propositiones istae, tanquam a forma
35 sanorum verborum abhorrentes, ab orthodoxis sunt impro-
batae et reiectae.

16ff. Ep. IV, 10f., S. 788; SD IV, 16f., S. 943.   30ff. Ep. IV,
2, S. 786; SD IV, 1, S. 937; zu Luther vgl. Anmerkungen BSLK S. 936f.

† *15. Enumera causas istas ?*

I. Phrases hae simpliciter pugnant, cum doctrina de particulis exclusivis in articulo iustificationis. Divus enim Paulus
opera et merita nostra ex articulo illo omnino exclusit, et
omnia soli gratiae atque misericordiae divinae, et Christi   5
merito adscripsit: affirmans Beatitudinem esse tantum illius
hominis, cui Deus imputat iustitiam, sine operibus. Rom. 4, 6.

II. Propositiones illae, perturbatis et afflictis conscientiis
veram Evangelii consolationem eripiunt: et occasionem prae-
bent dubitationi de gratia Dei.   10

III. Phrases hae praesumtionem et falsam opinionem de
propria Iustitia et fiduciam propriae dignitatis confirmant.

IV. Ex Interreligionis Formula prodierunt: et sic mani-
festos hostes veritatis autores hábent.

V. B. Lutherus has propositiones in falsis Apostolis, qui   15
Galatas in errorem induxerunt: in Papistis: in Anabaptistis,
et denique in quibusdam aliis reiecit atque damnavit.

* *16. Conservantne Bona opera Fidem, Iustitiam et salutem ?*

Nequaquam: Fides enim non ita iustitiam et salutem
apprehendit, ut postea officium suum operibus resignet, ut ea 20
fidem, iustitiam et salutem conservare debeant: sed Fides est
proprium et unicum illud medium, quo iustitia et salus non
modo apprehenduntur: verum etiam conservantur.

* *17. Velim hoc ipsum ex Scripturis confirmes ?*

D. Paulus, Rom. 5, 1 et 2. non tantum aditum ad gratiam, 25
verum etiam, quod in gratia perseveramus, et de futura gloria
gloriamur: hoc est, initium, medium et finem, SOLI FIDEI
adscribit, inquiens: *Iustificati fide pacem habemus ad Deum,*
per Dominum nostrum Iesum Christum, per quem et habemus
accessum PER FIDEM ad gratiam istam, IN QUA STAMUS, ET GLORI- 30
AMUR in spe gloriae filiorum Dei.
   Rom. 11, 20. *Propter incredulitatem fracti sunt: Tu autem*
FIDE STAS.

2ff. SD IV, 22ff., S. 945f.; zu Luther vgl. Anmerkungen BSLK
S. 946.   **19ff.** SD IV, 34f., S. 948f.   **25ff.** SD IV, 34, S. 948f.

Coloss. 1, 22, 23. *Exhibebit vos Sanctos, et immaculatos, et irreprehensibiles coram seipso: si tamen permanetis* IN FIDE *fundati et stabiles.*

1. Pet. 1, 5. *Virtute* DEI *custodimini* PER FIDEM *in salutem.*

5 † *18. Si bona opera non sunt necessaria ad salutem: Ergone sunt noxia et perniciosa ad salutem ?*

Si quis Bona opera Articulo Iustificationis immiscere, iustitiam suam, aut fiduciam salutis suae in ea reponere, gratiam DEI iis promereri, et per ea salutem consequi velit: respondet
10 ipse Apostolus, idque tertio repetit, quod tali homini opera sua non tantum sint inutilia, atque ad salutem impedimento: verum etiam perniciosa.

Phil. 3, 7. *Quae mihi lucra fuerunt, haec arbitratus sum propter Christum detrimenta: Veruntamen existimo omnia*
15 DETRIMENTA *esse, propter eminentem scientiam Iesu Christi Domini mei: propter quem omnia* DETRIMENTUM *feci: et arbitror ut stercora, ut Christum lucrifaciam.*

† *19. Sic ergo Bona opera per se erunt noxia et perniciosa ?*

Male colligis ex Accidente ad id, quod per se est. Ex acci-
20 dente enim fit, quod Bona opera evadunt noxia: quatenus nimirum vana fiducia contra expressum DEI verbum in iis collocatur. Unde non licet simpliciter et nude asserere, Bona opera credentibus ad salutem esse perniciosa. Haec enim phrasis ita nude usurpata falsa est, et offendiculi plena: quo
25 disciplina et morum honestas labefactatur: dissolutae vero et Epicureae vitae ianua aperitur et confirmatur.

LOCUS DECIMUS QUINTUS
DE POENITENTIA ET CONFESSIONE

* *1. Possuntne post Baptismum lapsi, denuo redire in gratiam cum* DEO *?*

30 Negarunt iam olim Novatiani, lapsos post Baptismum redire posse ad gratiam: a quibus Ecclesiae nostrae secessionem facientes docent, quod lapsis post Baptismum contingere

---

7ff. SD IV, 37, S. 949f.   19ff. SD IV, 38f., S. 950.   30ff. CA XII, 1—3, 9, S. 66f.

possit remissio peccatorum quocunque tempore, cum convertuntur: Et quod Ecclesia talibus redeuntibus ad poenitentiam, absolutionem impertiri debeat.

* 2. *Siccine etiam Scriptura sacra docet ?*

Utique: Hic enim scopus doctrinae Evangelicae vel maxime est proprius, ut poenitentibus gratiam et remissionem peccatorum gratuitam annunciet: idque non semel tantum, sed indefinite poenitentibus sive resipiscentibus omnibus. Sic Ezech. 18,30. inquit Dominus, *convertimini et agite poenitentiam ab omnibus iniquitatibus vestris, et non erit vobis in ruinam iniquitas. Revertimini et vivite: Quia nolo mortem morientis, sed volo ut convertatur et vivat.*

Sic Matth. 18, 18. clavem solventem Christus concredidit Apostolis et ministris Ecclesiae, *Quibuscunque*, inquiens: *remiseritis peccata, remissa erunt ipsis: Quibuscunque: Ergo non tantum* nondum renatis: sed etiam baptizatis lapsis.

Sic Petrus ex abnegatione Christi: Thomas ex infidelitate resipiscentes, veniam et remissionem peccatorum sunt consecuti.

3. *Quid est poenitentia ?*

Poenitentia seu conversio ad DEUM est contritio cordis propter peccata nostra: et fiducia certo sibi propter CHRISTUM promittens remissionem peccatorum, reconciliationem, iustificationem et vivificationem: cum firmo proposito inchoandi novam obedientiam. *Ex Exam. Philippi.*

4. *Quot sunt partes poenitentiae ?*
Duae sunt: nempe Contritio et Fides.

5. *Numquid non Nova obedientia etiam pertinet ad partes poenitentiae ?*

Nova obedientia sive Bona opera sequuntur contritionem et Fidem: Ergo non partem constituunt poenitentiae, sed potius eiusdem sunt fructus et effectus.

6. *Quid intelligis per contritionem ?*

Contritionem dicimus esse veros terrores conscientiae, quae DEUM sentit irasci peccato, et se propter haec subiacere irae divinae et aeternae damnationi, doletque se peccasse.

---

27 CA XII, 4f., S. 67.   **29ff.** CA XII, 6, S. 67.   **33ff.** Ap.
XII, 29, S. 257.

† *7. Num ex Scriptura hoc confirmare potes ?*

Possum: Nam de his terroribus conscientiae loquitur Scriptura, Psal. 38, 5: *Iniquitates meae supergressae sunt caput meum: sicut onus grave, gravatae sunt super me.* Psal. 6, 3:
5 *Sana me Domine, quoniam conturbata sunt ossa mea: et anima mea turbata est valde.* Et Hiskias Esa. 38, 13: *Sicut Leo contrivit omnia ossa mea.*

8. Quid intelligis per Fidem ?

Nihil aliud quam certam fiduciam, quod per et propter
10 Christi meritum, gratis, sine ullo nostro merito, remittantur nobis omnia peccata nostra.

† *9. Unde petenda est vera contritio ?*

Id patet ex praecedente Articulo: nempe ex sola Lege, cuius summa et officium est, arguere peccata. *Per legem enim*
15 *agnitio peccati*, Rom. 3, 20. *Lex iram operatur*, Rom. 4, 15. Et *peccatum non nossem, nisi per Legem*, Rom. 7, 7.

* *10. Promereturne aliquid contritio ?*

Pontificii quidem contendunt, doloribus ac terroribus istis, mereri homines gratiam, si tamen diligant Deum. Sed falsum
20 et erroneum hoc est: Quomodo enim diligent Deum homines in tantis terroribus, cum sentiunt horribilem et ineffabilem iram Dei? Proinde tantum abest, ut gratiam promereantur, ut potius si soli sint et maneant, ad desperationem hominem adigant: sicut Saulis et Iudae historiae testantur.

25 * *11. Quid ergo ad contritionem hanc, ut salutaris evadat, amplius requiritur ?*

Requiritur altera pars poenitentiae, nempe Fides in Christum. Debet enim conscientiis in his terroribus, proponi Evangelium de Christo, in quo promittitur gratis remissio pecca
30 torum per Christum.

Quare sic contriti debent credere, quod propter Christum gratis remittantur ipsis peccata: Haec fides erigit, sustentat et vivificat contritos, iuxta illud: *Iustificati ex fide, pacem*

13ff. Ap. XII, 34, S. 257f.   **27ff.** Ap. XII, 35f., S. 258.

habemus apud Deum propter Christum Dominum nostrum,
Rom. 5, 1. Haec Fides consequitur remissionem peccatorum:
Haec fides iustificat coram Deo.

† *12. Quasnam et quot partes suae poenitentiae constituunt Romanenses ?*

Itidem tres: Contritionem cordis, confessionem oris, et   5
satisfactionem operis: et tribus istis affingunt meritum ex-
piationis peccatorum, ac plenariae redemtionis coram Deo,
si homo vere doleat, confiteatur, et satisfaciat.

† *13. Quidnam statuis de istis partibus ?*

Statuo eas, prout quidem a Pontificiis definiuntur, nullum   10
habere in Scripturis fundamentum: et observatu esse impos-
sibiles, imo impias.

* *14. Qualem ergo contritionem exigunt Pontificii ?*

Initio talem, quae non in genere tantum de omnibus peccatis: sed et in specie de singulis doleat: ita quidem, ut quae-   15
cunque peccata sic in individuo sub contritionem non vene-
runt: ea neque ullam remissionem consequantur.

Deinde fingunt, si quis talem contritionem habere non
possit, eum saltem attritionem habere oportere, id est, dimi-
diam quasi contritionem, vel initium contritionis.   20

Tandem, si quis diceret, se non posse habere talem contritionem, interrogant, annon talem sibi optet? Respondenti
optare se, accipiunt hoc pro contritione, et remittunt peccata,
propter hoc bonum ipsius opus.

* *15. Quid vero statuis de tali Pontificia contritione ?*   25

Statuo eam esse factitiam et fictitiam cogitationem sive
imaginationem, ex propriis viribus, absque fide et cognitione
Christi susceptam, hoc est, meram hypocrisin, quae peccati
flammas mortificare haud queat.

* *16. Qualem Confessionem oris statuunt Romanenses ?*   30

Talis confessio a Pontificiis olim exigebatur, ac etiamnum
hodie exigitur, ut homines iubeantur omnia sua peccata enu-

5ff. AS: C, III, 12, S. 438.   **18ff.** AS: C, III, 16, S. 439f.
26ff. AS: C, III, 18, S. 440.   **31ff.** AS: C, III, 19, S. 440f.

merare: Et si quis quorundam oblitus esset, is eatenus absol-
vebatur, ut si in memoriam illa recurrerent, ea postea con-
fiteretur.

* 17. Num quid in hac confessione desideras ?

5 Utique: primum enim ea erat impossibilis. Quis enim
omnium peccatorum a se non dico per integrum annum,
sed per unam duntaxat septimanam commissorum, ita posset
recordari, ut ea valeret ordine, et in specie enumerare. Longe
aliter David orat, *delicta quis intelligit, ab occultis munda me*
10 *Domine:* Psal. 19, 13.

Deinde nihil aliud haec erat Confessio, quam Carnificina
conscientiarum, quibus laquei iniiciebantur, dum persuasae
erant, se non posse consequi remissionem peccatorum, nisi
facta illa scrupulosa enumeratione.

15 Tertio confessio talis ad desperationem homines adigebat.
Fingebant enim eam, et quidem integram, ad salutem esse
necessariam: Quia vero mens hominis nunquam certa esse
poterat, se integram edidisse confessionem: utique de salute
ipsa desperare cogebatur.

20 Tandem fingebant eam esse meritoriam, ut nimirum, quo
magis confessio esset ingenua et aperta, et quo maiore pudore
et ignominia coram Sacerdote ederetur: eo plenior etiam
esset satisfactio pro peccato.

† 18. Siccine ergo tu omnem confessionem oris reiicis ?

25 Minime vero: Quin potius confessionem retinendam in
Ecclesiis arbitror, propter privatam absolutionem, quae est
verbum DEI, quod singulis peccata serio confitentibus autoritate divina, annunciat remissionem peccatorum.

† 19. Qualem vero Confessionem statuis esse necessariam ?

30 Non certe eam statuo esse necessariam, quae constat
enumeratione omnium delictorum: talis enim non modo est
impossibilis, sed et onerat conscientias: sed eam iudico necessariam, quae fit DEO vel immediate, qualis edita a Davide,
Psal. 32, 5. *Delictum meum cognitum tibi feci, et iniustitiam*
35 *meam non abscondi. Dixi: Confitebor adversum me iniustitiam*

5ff. Ap. XII, 110f., S. 274; AS: C, III, 19, S. 440f. **25ff.** Ap. XII, 99, S. 272. **30ff.** CA XI, S. 66; XXV, 7, S. 98f.

meam Domino, et tu remisisti iniquitatem: vel mediate; idque vel publice coram tota Ecclesia: vel privatim coram Ministro Ecclesiae, cui vel in genere de omnibus peccatis: vel etiam in specie de uno aut altero peccato specialis fit confessio: si forte conscientiae morsus talem specialem confessionem exigat. 5

* *20. Quid igitur est talis Confessio?*

Nihil est aliud, quam contritio, qua sentientes iram DEI, confitentur DEUM iuste irasci, nec placari posse nostris operibus: et simul quaerunt misericordiam et remissionem peccatorum propter Christum. 10

† *21. Quid sentiendum est de privata absolutione?*

Sentiendum est, esse DEI mandatum, ut Absolutioni fidem habeamus, ac certo statuamus, tam vere DEO reconciliatos nos esse, ac si vocem coelitus delapsam ea de re audivissemus. 15

* *22. Quid de tertia parte poenitentiae Pontificiae statuis?*

Idem plane, quod de Auriculari Confessione Pontificia: nempe quod satisfactiones Canonicae pro peccatorum expiatione a Sacerdotibus impositae non sint iuris divini, ac proinde minime necessariae. Retinenda enim est sententia de 20 fide, quod fide consequamur remissionem peccatorum propter Christum: non propter nostra opera praecedentia, concomitantia aut sequentia.

LOCUS DECIMUS SEXTUS
DE MINISTERIO ET ORDINE ECCLESIASTICO 25

1. Licitumne est petere Ministerium?

Nihil certe prohibet, quo minus petere ministerium, hoc est, operam suam Ecclesiae offerre liceat: Nam *qui Episcopatum desiderat, bonum opus desiderat,* 1. Tim. 3, 1. Sed currere

---

8ff. Ap. XII, 107, S. 273f.   **13ff.** SD XI, 38, S. 1074f.   **17ff.** Ap. XII, 116, S. 275f.

non licet, id quod fit, quando quis seipsum ingerit, et variis
artibus, dolis, et largitionibus vocationem extorquet: de
quibus ipse Dominus conqueritur apud Prophetam: *Non
mittebam eos, et ipsi currebant: non loquebar ad eos, et ipsi*
5 *prophetabant.* Ierem. 23, 21.

2. *Quem in finem institutum est Ministerium Ecclesiae?*

Ut fidem consequamur, institutum est Ministerium docendi
Evangelii, et porrigendi Sacramenta. Nam per verbum et
Sacramenta, tanquam per media donatur Spiritus Sanctus,
10 qui fidem efficit, ubi et et quando visum est Deo in iis, qui
audiunt Evangelium.

† 3. *Annon Spiritus Sanctus sine verbo potest homini obtingere?*

Non: Hunc enim errorem iam pridem in Anabaptistis damnavit Ecclesia, qui senserunt, Spiritum Sanctum contingere
15 homini sine verbo externo, per ipsius praeparationes et
opera.

† 4. *Verbum, circa quod versatur Ministerium Ecclesiasticum,* *quotuplex est?*

Universa Scriptura in hos duos locos praecipuos distingui
debet, in Legem et Evangelium. Evangeluim tradit promissio-
20 nes gratiae, de remissione peccatorum, iustificatione et vita
aeterna, propter Christum fide apprehensum. Lex vero praecipue notat praecepta Decalogi, et requirit a nobis opera, et
perfectionem nostram.

5. *A quo est institutum Ministerium Ecclesiae?*

25 Non certe ab Homine: sed a Deo ipso; sic testante Christo,
Ioh. 20, 21: *Quemadmodum misit me Pater, sic ego mitto vos.*
Matth. 28, 19 et 20. *Christus ipse* ablegat suos discipulos:
Euntes, inquiens, *docete omnes gentes: baptizantes eos in*
nomine Patris et Filii et Spiritus Sancti: docentes eos servare
30 *omnia, quaecunque mandavi vobis.*
Marc. 16, 15. *Euntes in mundum universum, praedicate*
Evangelium omni creaturae.

7ff. CA V, 1f., S. 58.   **13ff.** CA V, 4, S. 58.   **19ff.** Ap. IV, 5,
S. 159.

† *6. Licetne uti ministerio, quod per malos ministros dispensatur ?*

Si per malos ministros intelligis eos, quorum mores quidem vitiosi sunt, et quorum vita scelere aliquo aut flagitiis contaminata est: doctrina autem falsitati aut corruptelae nulli obnoxia: tum sane horum ministerio uti licere, eorundemque 5 administrationem efficacem esse, statuo: ac proinde Donatistarum errorem reiicio, qui negabant, licere uti ministerio malorum in Ecclesia, et sentiebant ministerium malorum inutile et inefficax esse.

† *7. Quid vero statuendum, si Ministri sint falsi Doctores ?* 10

Horum ministerium fugiendum esse statuo: Matth. 7, 15. *Cavete a pseudoprophetis.*

Ioh. 10, 5. *Alienum oves Christi non sequuntur, sed fugiunt ab eo.*

Gal. 1, 9. *Si quis aliud vobis Evangelium annunciaverit,* 15 *praeter id, quod accepistis, anathema sit.*

8. Quibus permissum est docere Evangelium et administrare Sacramenta ?

Nemo in Ecclesia Dei publice debet docere aut administrare Sacramenta, nisi qui rite est vocatus.

9. Quotuplex est vocatio ad Ministerium ? 20

Duplex: Una immediata, qualis erat vocatio Prophetarum et Apostolorum, quae a Deo ipso sine medio facta est, et cum Prophetis et Apostolis desiit: Altera est Mediata, quae hodie fit per Ecclesiam, quae constat ex Magistratu, Ecclesiae ministris, et Auditoribus reliquis, quos vulgo plebem sive Laicos 25 appellitant.

† *10. Ergone vocatio Ministrorum ad totam Ecclesiam pertinet ?*

Omnino: idque ex praxi Apostolica. Cum enim Iudae proditori successor designandus esset, factum id est non ab Apostolis tantum, sed a tota congregata multitudine credentium. Act. 1, 21. Sic Diaconi septem a plebe eliguntur, et 30 Apostolis sistuntur confirmationis gratia: Act. 6, 5.

† *11. Quid igitur est Minister Ecclesiae ?*

Est persona, autoritate divina, per Ecclesiam legitime vocata, ad pure docendum verbum Dei, et administrandum 35 Sacramenta, iuxta institutionem Christi.

2ff. CA VIII, 2f., S. 62. **18ff.** CA XIV, S. 69.

LOCUS DECIMUS SEPTIMUS
DE ECCLESIA

* *1. Estne aliqua his in terris Ecclesia?*

Maxime est: Neque enim vel Epicuream ἀθεότητα et pro-
5 fanitatem, DEUM nulla rerum humanarum cura affici, som-
niantem: vel Pyrrhonicam eorum pseudo-Theologiam probo,
qui totum mundum Ecclesiam esse autumantes, quemque in
sua fide atque religione salvari posse, impie delirant. Neque
tamen Platonicam aliquam civitatem somnio, sed statuo
10 existere Ecclesiam, videlicet, aliquos vere credentes ac iustos,
sparsos per totum orbem.

* *2. Habesne certum aliquod assertionis huius tuae fundamentum?*

Habeo: nempe immotas promissiones DEI, quales sunt
Esa. 55, 10. *Sicut descendit imber et nix de coelo, et illuc non*
15 *revertitur, sed inebriat terram, et germinare eam facit: sic erit*
verbum meum, quod egredietur de ore meo: non revertetur illud
vacuum, sed faciet, quaecunque volui, et prosperabitur in his,
ad quae misi illud. Et cap. 59, 21: *Hoc est foedus meum cum*
eis, dicit Dominus, Spiritus meus, qui est in te, et verba mea,
20 *quae posui in ore tuo, non recedent de ore tuo, et de ore seminis*
tui, a modo et usque in aeternum.

3. Quid significat vox Ecclesiae?

Proprie nihil aliud significat quam congregationem. In
Symbolo autem nostro definitur per communionem sanc-
25 torum, hoc est, eiusmodi communionem, in qua sancti versantur, Eine Gemeine der Heiligen, aut adhuc significantius,
Eine heilige Gemein: non vero Ein Gemeinschafft der Heiligen.

4. Haec Ecclesia unane est, an multiplex?

Una est: Sic enim Paulus: *Unus est Spiritus, una spes*
30 *vocationis, unus Dominus, una fides, unum Baptisma, unus*
DEUS, et pater omnium. Eph. 4.

9ff. Ap. VII, 20, S. 238.   **22ff.** GK II, 48, S. 656.   **29ff.** CA
VII, S. 61; Eph. 4, 4—6.

† *5. Ergone Ecclesia simpliciter non potest in species distingui ?*

Per Essentiam Ecclesia vera semper una est, neque in species distingui potest. Quia autem hac in vita multa accidunt Ecclesiae verae, ideoque respectu accidentium et circumstantiarum, vel etiam ratione externae formae, distinctionem admittit, sed per accidens tantum. 5

† *6. Velim has ipsas distinctiones expedias ?*

Quia praedixit Spiritus Sanctus falsos fore Prophetas, Matth. 24: ideo distinguitur Ecclesia in veram et falsam sive malignantium, Psal. 26, 5. 10

* *7. Suntne Impii membra Ecclesiae verae ?*

Sunt quidem membra Ecclesiae secundum externam societatem signorum Ecclesiae, hoc est, verbi, professionis, et Sacramentorum, praesertim si non sint excommunicati. Quia vero Ecclesia vera non tantum est societas externarum 15 rerum ac rituum, sicut aliae politiae: sed principaliter est societas fidei et Spiritus Sancti: respectu cuius societatis, haec Ecclesia sola dicitur corpus Christi: ideoque illi, in quibus nihil agit Christus, non sunt membra Christi: ac proinde neque membra verae Ecclesiae. 20

* *8. Suppetitne alia tibi ratio ?*

Utique: Quia enim Ecclesia vera est regnum Christi, distinctum contra regnum diaboli: certum autem est impios, in potestate Diaboli, et membra regni Diaboli esse, sicut docet Paulus, Eph. 2, 2. cum ait: *Diabolum efficacem* 25 *esse in incredulis*, certe hinc sequitur, impios, cum sint in regno Diaboli, non esse Ecclesiae verae membra.

† *9. Num alia quoque distinctio Ecclesiae verae accidit ?*

Accidit ea, quae Ecclesiam veram considerat secundum loca et status. Hoc enim respectu Ecclesia vera dividitur in 30 *Triumphantem*, quae complectitur Electos DEI iam in coelesti vita degentes: et in *Militantem*, quae complectitur Elec-

---

8ff. Ap. VII, 1 ff., S. 233 f.; Mt. 24, 24. **12ff.** Ap. VII, 35, S. 234.
22ff. Ap. VII, 16, S. 237. **29ff.** Aeg. Hunnius, Opera, T. I. 1607,
p. 1258 C.

tos adhuc in his terris, sub vexillo Christi, adversus Diabolum, mundum et carnem militantes.

* *10. De triumphante iam nihil moveo: De militante quaero. Num
ea aliam distinctionem admittat?*

5   Admittit, id quod patet ex superioribus. Si enim externam
societatem signorum ac rituum Ecclesiae respicias, Ecclesia
militans dicitur esse visibilis, et omnes eos complectitur, qui
versantur in coetu vocatorum, sive sint pii, sive impii, sive
Electi, sive reprobi. Si vero Ecclesiam consideres, quatenus
10   est societas fidei et Spiritus Sancti IN CORDIBUS fidelium
habitantis: eatenus certe dicitur Invisibilis, et Electorum
propria.

* *11. Num forte visibilis Ecclesia rursum potest subdistingui?*

Potest in particularem sive Topicam: et in Universalem
15   sive Catholicam. Particularis dicitur, quae unius est loci.
Universalis sive Catholica, quae per totum orbem sparsa est,
et sub se comprehendit omnes homines, qui per verbum et
Sacramenta ad regnum Christi vocantur.

* *12. Siccine hoc uno respectu Ecclesia dicitur Catholica?*

20   Non: sed Catholica etiam dicitur respectu unitatis in fide
et religione: ita quidem ut Catholica Ecclesia dicatur esse
eorum, qui licet per totum orbem hinc inde sint dispersi,
tamen de doctrina Evangelii consentiunt, eundem habent
Christum, eundem Spiritum Sanctum, eadem Sacramenta,
25   eandem fidem, eandem religionem puram et incorruptam:
sive habeant easdem traditiones humanas, sive dissimiles.

* *13. Quantum intelligo, statuis Ecclesiam esse et dici unam, praecipue
respectu fidei?*

Recte colligis: Ad veram enim Unitatem Ecclesiae satis
30   est consentire de doctrina Evangelii, et administratione
Sacramentorum, ita quidem, ut quotquot coniunctione fidei,
et Spiritus vinculo sunt consociati, unitate ista contineantur.

5ff. Ap. VII, 3, S. 234.   **16ff.** Ap. VII, 10, S. 235f.   **20ff.** Ap.
VII, 10, S. 236.   **29ff.** Ap. VII, 30, S. 241.

* *14. Annon vero Unitas Ecclesiae aestimanda etiam est rituum aut ceremoniarum similitudine sive conformitate ?*

Non: sicut dissimilia spacia dierum ac noctium non laedunt unitatem Ecclesiae: Ita non laeditur vera Ecclesiae Unitas dissimilibus ritibus, institutis ab hominibus: neque etiam una Ecclesia propter ceremoniarum dissimilitudinem, alteram condemnabit: si modo in doctrina et omnibus illius articulis, atque in legitimo Sacramentorum usu sit inter eas consensus: Vetus enim et memorabile dictum est: *Dissonantia ieiunii non dissolvit consonantiam fidei.*

* *15. Profitemur in symbolo nos credere Ecclesiam sanctam: qua ergo in re consistit sanctitas Ecclesiae ?*

Non certe consistit in amiculo linteo, in insigni verticali, in veste talari, et aliis pontificiorum ceremoniis, praeter Scripturae autoritatem excogitatis: sed partim in impetrata per fidem sanctitate et iustitia Christi, partim vero in renovatione et sanctificatione cordium per Spiritum Sanctum. De utraque sanctitate agit Apostolus Eph. 5, 25: *Christus dilexit Ecclesiam, et se tradidit pro ea, ut eam sanctificet, purificans lavacro aquae per verbum, ut exhibeat eam sibi gloriosam Ecclesiam, non habentem maculam aut rugam, aut aliquid tale, sed ut sit sancta et inculpata.*

* *16. Si eo, quo iam dixisti, modo sancta est Ecclesia, falsum erit, quod supra concessisti, nempe multos impios et hypocritas esse admixtos Ecclesiae ?*

Imo vero malos, impios et hypocritas semper admixtos esse Ecclesiae, vel parabola illa Christi satis evidenter arguit, ubi Ecclesiam similem esse dicit sagenae sive reti, quo omnis generis pisces colliguntur, quorum in littore demum, hoc est, in fine mundi futura sit segregatio. Matth. 13, 47. Sed quanquam hi sunt socii verae et sanctae Ecclesiae, secundum externos ritus, tamen non sunt membra illius Ecclesiae, uti supra ostensum.

* *17. Esto hoc: Illud tamen alterum ex sanctitate hac Ecclesiae patebit; nempe eam errare non posse ?*

Sic quidem Pontificii colligunt: et quod ad veram Ecclesiam pertinet, quod videlicet sit columna veritatis, quodque non erret, illud ad suam Ecclesiam illi vitiose transferunt.

3ff. Ap. VII, 33, S. 242; Ep. X, 7, S. 815; SD X, 31, S. 1063.   **13ff.** AS: C, XII, 3, S. 460; Ap. VII, 7, S. 235.   **26ff.** CA VIII, S. 62; Ap. VII, 3, S. 234; Ap. VII, 19, S. 238.   **36ff.** Ap. VII, 27, S. 240.

* *18. Ergone errare potest Ecclesia ?*

Potest: Etsi enim Ecclesia promissionem habet, quod semper sit habitura Spiritum Sanctum: tamen habet etiam com-
minationes, quod sint futuri impii Doctores et lupi, qui, si
5 fieri queat, in errorem inducant, ipsos electos.

* *19. Clarius hoc velim explices ?*

Sic ergo statuendum est, errare non posse Ecclesiam, si
totam ac universam, sive Catholicam Ecclesiam respicias.
Haec enim habet infallibilem promissionem de Spiritu Sancto
10 inducturo eam in omnem veritatem, Ioh. 16, 13. Habet item
promissionem, quod portae inferorum adversus eam non sint
praevaliturae. Matth. 16, 18. quod futura sit columna et
fundamentum veritatis, 1. Tim. 3, 15. Caeterum quoad hanc
vel illam particularem Ecclesiam, imo quoad maximam etiam
15 eius partem, errare potest Ecclesia, imo enormiter erravit
saepissime: id quod patet exemplo Ecclesiae tempore diluvii,
tempore Eliae Prophetae, tempore nati Christi, tempore
Arianismi, per totum orientem Ecclesias occupantis.

* *20. Cur statuis totam Catholicam Ecclesiam non posse simul errare?*

20 Quia, si tota Catholica Ecclesia erraret, tum etiam tota
periret: imo sic portae inferorum adversus eam praevalerent:
id quod cum promissione Christi, Matth. 16, 18. pugnaret:
ubi dixit: *Tu es Petrus: et super hanc petram aedificabo
Ecclesiam meam, et portae inferorum non praevalebunt ad-*
25 *versus eam.*

* *21. Ergone statuis Ecclesiam duraturam ad finem usque mundi ?*

Maxime statuo. Etsi enim infinita est multitudo impiorum
in ipsa Ecclesia, qui eam opprimunt: tamen firmiter statuendum, Ecclesiam perpetuo mansuram, et Christum praesti-
30 turum Ecclesiae, quae promisit, remissurum peccata, exauditurum preces, daturum Spiritum Sanctum: secundum promissiones illas, Matth. 16, ver. 18. *Portae inferorum non
praevalebunt adversus Ecclesiam:* et cap. 28, 20: *Ecce ego sum
vobiscum omnibus diebus usque ad consummationem seculi.*
35 Quid? quod Ecclesia est corpus, cuius caput Christus est:

2ff. Ap. VII, 22, S. 238.   **27ff.** Ap. VII, 9, S. 235.

desineret ergo Christus esse caput Ecclesiae suae in his terris, si ea posset tota interire.

22. Quas constituis notas verae Ecclesiae ?

Duas constituo: nempe puritatem doctrinae coelestis: et legitimum Sacramentorum usum.   5

23. Proba utramque notam ex Scripturis ?

De priori ait Christus Ioh. 10, 16: *Oves meae vocem meam audiunt*, et Ioh. 8, 31: *Si manseritis in sermone meo, vere discipuli mei estis;* Ioh. 15, 3: *Iam vos mundi estis propter sermonem meum, quem locutus sum vobis.* Posteriorem notam 10 expressit Apostolus nominans sacramenta σφραγίδας sive signacula iustitiae fidei, Rom. 4, 11.

24. Quid igitur est Ecclesia vera ?

Ecclesia vera est congregatio Sanctorum, in qua Evangelium recte docetur, et Sacramenta rite administrantur. 15
† Vel: Ecclesia visibilis in hac vita, est coetus visibilis amplectentium incorruptam Evangelii doctrinam, et recte utentium Sacramentis, in quo coetu Filius Dei efficax est, et voce Evangelii et Spiritu Sancto multos regenerat ad vitam aeternam: Sunt tamen in eo coetu multi alii non sancti, sed tamen 20 de doctrina et externa professione consentientes.

LOCUS DECIMUS OCTAVUS
DE LIBERTATE CHRISTIANA ET RITIBUS
ECCLESIASTICIS SIVE ADIAPHORIS

1. Quid est libertas Christiana ?   25

Est ius, quo vere credentes, a servitute peccati, tyrannide Diaboli, maledictione legis, et aeterna morte: quin et a iugo ceremoniarum Leviticarum, humanarumque traditionum, per CHRISTUM sunt liberati.

4ff. Ap. VII, 5, S. 234.   **14ff.** CA VII, S. 61; Melanchthon, Examen Ordinand., CR XXIII, p. 37.

† *2. Quot sunt gradus Christianae Libertatis ?*

Quatuor: Primus est, Liberatio a lege, et aeterna damnatione. Secundus: Donum per gratiam, hoc est, Christi
efficacia in credentibus per Evangelium, et per Spiritum
5 Sanctum: qua inchoatur Nova obedientia, et fiunt opera
Deo grata, ex Spiritu libero ac spontaneo. Tertius est,
Liberatio a ceremoniis et legibus forensibus Mosaicis. Quar-
tus est: Liberatio a traditionibus humanis in Ecclesia: videlicet, quod tales non habeant rationem cultus, meriti, aut
10 absolutae necessitatis: sed extra casum scandali, sine peccato
negligi et omitti possint.

† *3. Quid sunt traditiones Ecclesiasticae?*

Sunt ordinationes humanae de ceremoniis ac ritibus externis; propter decentem in Ecclesia ordinem, et piam discipli-
15 nam conservandam constitutae.

† *4. Recense aliquot huius generis Traditiones?*

Tales sunt, quae observantur circa discrimina temporum,
festorum, vestium: item circa cantiones, lectiones, preces,
et id genus exercitia sacra alia.

20 † *5. Statuisne huiusmodi ritus sive traditiones Ecclesiasticas esse in*
Ecclesia servandas?

Sic sane statuo, ritus illos servandos esse, qui sine peccato
servari possunt, et prosunt ad tranquillitatem et bonum
ordinem in Ecclesia, sicut certae feriae, festa et similia: ita
25 tamen, ut ne conscientiae onerentur, tanquam talis cultus
ad salutem necessarius sit.

6. Quid subesse putas periculi, si traditionibus aut ritibus Ecclesiasticis
affingatur opinio cultus, meriti, et necessitatis?

Plurimum profecto. Inde enim primo obscuratur doctrina
30 de gratia et iustitia fidei, quae est praecipua pars Evangelii,
quam maxime extare atque eminere oportet in Ecclesia, ut
Fides longe supra omnia opera collocetur: neque operibus
adscribatur, quod Fidei proprium est.

22ff. CA XV, 1f., S. 69.   **29ff.** CA XV, 3f., S. 69f.; CA XXVI,
8, 12, 13, S. 102.

Deinde obscurantur, imo evertuntur ipsa praecepta DEI.
Quando enim traditionibus humanis opinio cultus affingitur,
tum illae praeferuntur praeceptis divinis: id quod in Pha-
risaeis reprehendens Christus, *Relinquentes*, inquit, *praecep-*
tum DEI, tenetis praeceptum hominum; irritum redditis prae-   5
ceptum DEI, ut traditionem vestram servetis, Matth. 15, 6.
Marc. 7, 9.

Tandem oritur inde periculum conscientiis. Impossibile
enim est omnes servare traditiones. Iam si eae ceu cultus,
observatu necessariae statuantur, laqueus profecto con-   10
scientiis iniicitur, ex neglecta quarundam traditionum obser-
vatione. Unde desperatio tandem sequatur, necesse est.

* 7. *Siccine vero Scriptura etiam Traditionibus humanis omnem derogat*
opinionem cultus, meriti et necessitatis ?

Utique: Matth. 15, 6. *Frustra colunt me mandatis homi-*   15
num. Et vers. 11. *Omne quod intrat in os, non coinquinat*
hominem.

Rom. 14, 17. *Regnum DEI non est esca aut potus.*

Coloss. 2, 16. *Nemo vos iudicet in cibo, aut potu, aut Sab-*
bato, aut die festo. Et vers. 20. *Si mortui estis cum Christo ab*   20
elementis mundi, quare tanquam viventes in mundo decreta
facitis: Ne attingas, ne gustes, ne contrectes.

Et 1. Tim. 4, 3. *vocat Apostolus prohibitionem ciborum,*
doctrinam daemoniorum.

* 8. *Si omnis necessitas et opinio cultus adimitur traditionibus humanis,*   25
videtur simul tolli omnis disciplina et mortificatio carnis ?

Minime vero. Nam Mortificatio nostris in Ecclesiis vel
maxime retinetur, non quidem simulata illa Romanensium,
sed vera, quae docet de cruce, quod nimirum deceat Chri-
stianos patienter tolerare afflictiones: exequi labores voca-   30
tionis proprios, studere sobrietati et continentiae perpetuae:
et pro ratione temporis ac necessitatis assumere ieiunium:
modo isthaec omnia fiant sine opinione meriti: ut et sine
discrimine ciborum et dierum, tanquam cultu necessario.

* 9. *Sed quid de disciplina respondes ?*   35

Certe neque huius modum atque ordinem nostrae Ecclesiae ferre recusant: siquidem servant plerasque traditiones,

15 ff. CA XXVI, 22 ff., S. 104; Ap. XV, 30, S. 303.   27 ff. CA
XXVI, 30 f., S. 105; XV, 2, S. 69.

quae modo sunt tolerabiles atque utiles, et faciunt πρὸς τάξιν
καὶ εὐσχημοσύνην.

* *10. Ut de hac ipsa natura traditionum sive rituum Ecclesiasticorum
accuratius mihi constare possit, velim exponas, quales illi esse debeant ?*

5   Primo, Non sint impii; sed tales, qui sine peccato servari
possint. Quicunque ergo ritus cum verbo DEI pugnant, illi
tanquam impii sunt reiiciendi.

Deinde sint utiles, hoc est, prosint ad tranquillitatem et
bonum ordinem in Ecclesia: secundum praeceptum Apostoli
10 I. Cor. 14, 40. *Omnia in Ecclesia fiant decenter et ordine.*

Tandem, ut ne onerent conscientias, vel nimia sua multitudine, vel falsa opinione sive meriti, sive cultus, sive
necessitatis.

* *11. Intelligo te huiusmodi ritus facere plane liberos et adiaphoros:*
15 *Ergone cuilibet liberum fuerit, eos vel omittere, vel observare ?*

Minime vero: Etsi enim huiusmodi ritus natura sua sunt
liberi, quatenus nimirum a DEO neque sunt praecepti, neque
prohibiti: interim tamen suo quodam respectu fiunt neces-
sarii, non quidem ad salutem, sed ad necessitatem ordinis.

20   * *12. Demonstra hoc evidentius ?*

Hoc vel ipsa ratio dictat. Quando enim Ecclesia legitime
aliquid ordinat in ceremoniis circa cultum DEI observandis:
vel etiam aliquid iuste prohibet, quod tamen sua natura est
liberum et indifferens: hoc certe casu omnino illud vel obser-
25 vandum, vel omittendum fuerit: ut sic ordine et graviter in
templis fiant omnia, et vulgus etiam quandam habeat paeda-
gogiam.

* *13. Sed quid in casu persecutionis et confessionis faciendum: Anne in
gratiam Adversariorum licebit vel nova Adiaphora recipere, vel vetera
30 antiquare ?*

Imo vero neutrum licet. Nam inter res adiaphoras non
amplius numerandae sunt tales ceremoniae, quae speciem
quandam defectionis ad Adversarios prae se ferunt, vel quibus saltem externe simulatur, (ad effugiendam persecutio-

5ff. CA XV, S. 69; Ep. X, 3, S. 814 f.; SD X, 8 ff., S. 1056 f.   16ff. SD
X, 8 ff., S. 1056 f.; Ep. X, S. 814.   26ff. Ap. XV, 20, S. 301.   31ff. SD
X, 5, S. 1055.

nem) ac si nostra Religio, a doctrina Adversariorum non
multum dissideat.

* *14. Ergone statuis tempore persecutionis non esse cedendum Adversariis
in usu rerum Adiaphorarum ?*

Certe, cum eo tempore, quo veritatis coelestis confessio
requiritur, tota Ecclesia, et singuli Christiani, praecipue vero
ministri verbi DEI teneantur piam doctrinam iuxta verbum
DEI, et quicquid omnino ad sinceram religionem pertinet,
palam et libere non modo verbis, sed et factis profiteri: statuo, tali tempore, etiam in rebus vere et per se adiaphoris,
non esse adversariis cedendum.

* *15. Cupio audire certas huius tuae sententiae rationes ?*

Sic docuit Apostolus, Galat. 5, 1. *In libertate,* inquiens,
*qua Christus vos liberavit, state, et ne rursus iugo servitutis
implicemini.* Et cap. 2, 4. *Propter subintroductos falsos fratres,
qui subintroierunt explorare libertatem nostram, quam habemus
in Christo Iesu, ut nos in servitutem redigerent: iis neque ad
horam cessimus subiectione, ut veritas Evangelii permaneat
apud vos.*

* *16. Sed videtur non tanti haec res esse momenti, siquidem agitur de rebus
duntaxat mediis et indifferentibus ?*

Imo vero in tali rerum statu, non iam amplius de externis
adiaphoris agitur, quae natura sua per se libera sunt: per-
manentque: sed agitur de praecipuo religionis Christianae
articulo. Veritas enim Evangelii obscuratur et labefactatur,
quam primum adiaphora cum mandato et coactione conscientiis vel nova observanda imponuntur, vel vetera anti-
quanda praecipiuntur: idque eo fine, ut superstitio, falsa
doctrina et Idololatria confirmetur: Libertas vero Christiana,
ut et doctrina sincera opprimatur.

* *17. Sic ergo videbitur periclitari etiam Articulus Libertatis Christianae ?*

Maxime: Nam simul ac humanae traditiones per modum
coactionis, Ecclesiae DEI, tanquam observatu necessariae

5ff. SD X, 10, S. 1057.   **13ff.** SD X, 11, S. 1057; Ep. X, 6, S. 815.
22ff. Ep. X, 6, S. 815; SD X, 14, S. 1058.   **25** 1622: Ut nimirum
Veritas Evangelii constet, sicut Apostolus loquitur. Veritas enim …
32ff. SD X, 15, S. 1059.

obtruduntur, quasi sine peccato negligi non possint: tum iam
libertas Christiana evertitur: Idololatriae magna fenestra
patefit: humanae traditiones cumulantur, et pro cultu divino
habentur: neque modo DEI praeceptis exaequantur, verum
5 etiam illis longe praeponuntur.

* *18. Num forte in promtu sunt aliae etiam rationes quibus id ipsum
confirmes ?*

Sunt certe: Nam eiusmodi intempestiva cessione in externis illis rebus adiaphoris, (ubi nondum de doctrina ipsa pius
10 consensus est factus) Idololatrae et hostes veritatis in sua
idolomania confirmantur. Contra vero piae mentes, et vere
in Christum credentes, contristantur, perturbantur, offen-
duntur, et ipsarum fides, quasi ariete quodam concutitur et
quodammodo labefactatur. Iam vero ne malo huic occa-
15 sionem praebeamus, summo studio cavere debemus: *Vae
enim mundo a scandalis: et qui scandalizaverit unum de pusillis
istis, qui in me credunt, expediret ei, ut suspenderetur mola
asinaria de collo eius, et demergeretur in profundum maris.*
Matth. 18, 7.

20 Imprimis vero hoc Christi dictum alta mente est reponen-
dum: *Qui me confessus fuerit coram hominibus, eum ego etiam
confitebor coram patre meo coelesti.* Matth. 10, ver. 32.

LOCUS DECIMUS NONUS
DE SACRAMENTIS IN GENERE

25   † *1. In cuius potestate est positum condere Sacramenta ?*

Non est autoritatis humanae promittere gratiam: sed
solius DEI. Iam cum Sacramenta sint sigilla gratiae, utique
DEUM solum autorem habeant necesse est: ac proinde Sacramenta sine mandato DEI instituta, non sunt certa signa
gratiae: etiamsi fortasse possint rudes docere, et admonere
30 aliquid.

8ff. SD X, 16f., S. 1059.   **26ff.** Ap. XIII, 3, S. 292.

2. Quid sunt Sacramenta in genere considerata ?

Vulgo definiuntur Sacramenta, quod sint ritus, qui habent mandatum DEI, et quibus addita est promissio gratiae.

† *3. Habesne aliam etiam definitionem in promtu ?*

Rectius definitur Sacramentum, quod sit actio sacra divi- ⁵ nitus instituta, tum elemento, sive signo externo, tum re coelesti constans, qua DEUS non solum obsignat promissionem gratiae, propriam: sed etiam bona coelestia, in singulorum Sacramentorum institutione promissa, per externa Elementa, singulis Sacramento utentibus vere exhibet: fide- ¹⁰ libus autem salutariter applicat.

4. Quotuplicia sunt Sacramenta ?

Duplicia: Alia Veteris: alia Novi Testamenti: illa umbram rerum futurarum, hoc est, typum corporis et sanguinis Christi habuerunt: haec vero ipsam substantiam sive corpus. ¹⁵ Col. 2, 17. Hebr. 10, 1.

† *5. Quae requiruntur ad integritatem Sacramentorum ?*

Integritas Sacramentorum respicit ipsorum tum Essentiam, tum usum et fructum.

† *6. Quae absolvunt Essentiam sive substantiam Sacramentorum ?*   ²⁰

Duo: Res nimirum terrena: et res coelestis. Terrena est Elementum visibile, quale fuit in Circumcisione, amputatio praeputii: in Agno Paschali, manducatio agni: in Baptismo vero est Aqua: in Coena Domini, panis et vinum.

Res spiritualis est Corpus ac Sanguis Christi, in Sacramen- ²⁵ tis veteris Testamenti Typice: in Sacramentis vero Novi Testamenti, realiter praesentia.

† *7. Quidnam usum et fructum Sacramentorum designat ?*

Verbum: idque geminum: Unum Mandati, quod ipsam formam sive actionem concernit: Ut: Edite, bibite, Baptizate ³⁰

2ff. AP. XIII, 3, S. 292.   **7** 1622: promissionem gratiae, h. e. gratuitae reconciliationis, Evangelii propriam: sed etiam...

etc. Alterum promissionis, quod Remissionem peccatorum, iustitiam, et vitam aeternam pollicetur singulis Sacramento fide utentibus: ut, qui crediderit et baptizatus fuerit, SALVA-BITUR. Item, Hoc est Corpus meum, QUOD PRO VOBIS DATUR:
5 Et Hic est Calix N. Testamenti, in meo sanguine, QUI PRO MULTIS EFFUNDITUR IN REMISSIONEM PECCATORUM.

8. Quot sunt Sacramenta Novi Testamenti?

Duo tantum propriissime loquendo: nempe Baptismus et Coena Domini.

10 #### * 9. Annon Absolutio quoque est Sacramentum?

Refert quidem Apologia Confessionis Augustanae, Absolutionem quoque in numerum Sacramentorum: sed improprie loquendo, tantum propter analogiam ac similitudinem, quam cum reliquis Sacramentis proprie sic dictis obtinet.

15 #### * 10. Quae est illa analogia?

Analogia haec in eo consistit, quod Absolutio aeque ac Sacramenta proprie sic dicta, 1. a DEO est mandata: 2. promissionem gratiae singulis credentibus applicat: et 3. quia in quibusdam locis constat externa ceremonia, nempe imposi-
20 tione manuum.

* 11. Quid ergo deficit Absolutioni, quominus inter Sacramenta proprie sic dicta referri possit?

Quia ritu sive ceremonia a DEO ipso instituta et quidem externo constante Elemento, Absolutio destituitur, patet im-
25 proprie et laxa significatione eam appellari Sacramentum poenitentiae: Id quod ipsa agnovit Apologia: *Si*, inquiens, *omnes res annumerari Sacramentis debeant, quae mandatum DEI habent, et quibus promissiones additae sint, oratio quoque, eleemosynae, afflictiones, omnes hominum status atque con-
30 ditiones a DEO institutae et comprobatae pro Sacramentis habendae essent.*

* 12. Num forte confirmatio et extrema unctio possunt dici Sacramenta proprie sic dicta?

Non: Sunt enim ritus isti non a DEO instituti, sed a patri-
35 bus accepti, quos ne Ecclesia quidem tanquam necessarios ad

---

8ff. Ap. XIII, 4, S. 292.   **34ff.** Ap. XIII, 6, S. 293.

salutem requirit. Deinde non habent promissionem gratiae: Ergo neque Sacramentorum proprie sic dictorum definitio illis competit.

13. Idemne statuis de Ordine, quem Pontificii itidem inter Sacramenta referunt? 5

Idem omnino. Etsi enim Ministerium verbi a DEO est institutum, et magnificas habet promissiones: Quia tamen ritus ordinationis, qui fit per impositionem manuum, et mandato et promissione DEI destituitur: certe non nisi improprie et in generali significatione, ordo iste sive Ministerium verbi, 10 Sacramentum dicitur.

14. Sed quid de Matrimonio iudicas?

Neque hoc Novi Testamenti Sacramentum proprie sic dictum esse iudico. Nam primum illud non est institutum in Novo Testamento, sed statim initio creato genere humano. 15 Deinde habet quidem illud mandatum DEI, habet etiam promissiones: sed non ad Novum Testamentum sive salutem nostram; sed ad vitam hanc corporalem tantum pertinentes.

15. Quomodo cum fructu est utendum Sacramentis?

Sic utendum est Sacramentis, ut fides accedat, quae credat 20 promissionibus illis, quae per Sacramenta exhibentur, hoc est, quae certo credit exhiberi et accipi res promissas in Sacramentis.

16. Siccine ergo censes, Sacramenta non conferre salutem ex opere operato? 25

Hanc Pontificiorum sententiam, qui statuunt, Sacramenta non ponenti obicem, et quidem sine bono motu utenti conferre gratiam ex opere operato, simpliciter damno.

17. Velim Romanensium mentem clarius explices?

Sic statuerunt illi: Non requiri, ut homo se disponat ad 30 usum Sacramenti salutarem, neque etiam requiri bonum

---

6ff. Ap. XIII, 11, S. 293f. **13ff.** Ap. XIII, 14, S. 294. **20ff.** CA XIII, S. 68; Ap. XIII, 19, S. 295. **22** 1622: credat. **26ff.** Ap. XIII, 18, S. 295.

motum interiorem in suscipiente Sacramentum: sed ex eo
ipso, quod opus illud, hoc est, Sacramentum peragitur et
accipitur, gratiam utentibus conferri, dummodo obex non
ponatur, hoc est, peccati mortalis reatus, vel eius saltem pro-
5 positum non adsit.

* *18. Quas ob causas hanc Romanensium sententiam improbandam esse*
statuis ?

Primum Iudaica est opinio, sentire, quod per ceremoniam
iustificemur, sine bono motu cordis, hoc est, sine fide.
10 Deinde: Paulus reclamat et negat, Abrahamum iustificatum esse circumcisione: sed potius asserit circumcisionem
fuisse signum propositum ad exercendam fidem.

Tertio: Promissio est inutilis, nisi fide accipiatur. At Sacramenta sunt signa promissionum. Ergo in usu debet accedere
15 fides.

Quarto: fanatica opinio de opere operato, sine bono motu
utentis, peperit infinitos in Ecclesia abusus, cumprimis pro-
phanationem illam multiplicem Missarum.

Tandem, nulla litera ex Scripturis sacris, et veteribus Scrip-
20 toribus proferri potest, quae patrocinetur Romanensibus:
imo contrarium ait Augustinus, quod fides Sacramenti, non
Sacramentum iustificet. Et D. Paulus: *corde creditur ad*
iustitiam, Rom. 10, 10.

LOCUS VICESIMUS
25 ## DE BAPTISMO

1. Quid est Baptismus ?

Baptismus non est simpliciter aqua, sed est aqua divino
mandato comprehensa, et verbo DEI obsignata.

2. Quod est illud verbum DEI ?

30 Matth. 28, 19. *Euntes in mundum universum, docete omnes*
gentes, baptizantes eos in nomine Patris, et Filii, et Spiritus
Sancti.

8ff. Ap. XIII, 18ff., 23, S. 295.   **27ff.** KK, Tf. 1f, S. 515.
30ff. KK, Tf. 4, S. 515; GK, Tf. 4f., S. 691.

Et Marc. 16, 16. *Qui crediderit et baptizatus fuerit, salvus erit: Qui vero non crediderit, condemnabitur.*

3. Estne Baptismus necessarius ad salutem?

Est maxime: idque propter mandatum DEI. Quicquid enim DEUS instituit et faciendum praecepit, illud pretiosum, utile et necessarium est, tametsi quoad externam formam culmo stramineo vilius videretur.

4. Quid praestat aut confert Baptismus?

Operatur remissionem peccatorum, liberat a morte et a Diabolo, et donat aeternam beatudinem omnibus et singulis, qui credunt hoc, quod verba et promissiones divinae pollicentur.

5. Siccine Scriptura etiam de usu atque operatione Baptismi loquitur?

Utique: Sic enim Paulus ad Titum 3, 5. *Secundum suam misericordiam salvos nos fecit per lavacrum regenerationis ac renovationis Spiritus Sancti, quem effudit in nos opulenter, per Iesum Christum Salvatorem nostrum, ut iustificati illius gratia haeredes efficeremur, iuxta spem vitae aeternae.*

Quin Christus ipse hoc confirmat: *Nisi quis,* inquiens, *renatus fuerit ex aqua et Spiritu, non potest ingredi regnum coelorum,* Ioh. 3, 5.

Et D. Petrus I. cap. 3, 21. *Baptismus salvos nos reddit, qui non est abiectio sordium carnis, sed stipulatio bonae conscientiae in DEUM, per resurrectionem Iesu Christi.*

6. Quomodo vero Aqua tam magnas res potest efficere?

Aqua certe tantas res non efficit: sed verbum DEI, quod in et cum aqua est, et Fides, quae verbo DEI, aquae addito credit. Quia aqua sine verbo DEI est simpliciter aqua, et non est Baptismus: sed addito verbo DEI est Baptismus, hoc est, salutaris aqua gratiae et vitae, et lavacrum regenerationis in Spiritu Sancto.

4ff. CA IX, S. 63; GK, Tf. 8, S. 692. **9ff.** KK, Tf. 5f., S. 515; GK, Tf. 25, S. 696. **19** 1622: Quia Christus. **26ff.** KK, Tf. 9f., S. 516; GK, Tf. 14, S. 693; Titus 3, 5.

† *7. Ergo non licebit Aquam separare a verbo, in actu Baptismi ?*

Distinguere quidem, sed non divellere aquam a verbo licebit, in eodem actu Baptismi. Nam haec Aqua verbo DEI ita
est sanctificata, ut nihil aliud sit, quam divina aqua: non
5 quod aqua haec in et per se quavis alia sit praestantior, sed
quod ei verbum ac praeceptum DEI accesserit. Iam vero, si
verbum ab aqua separaveris, non alia est aqua atque illa,
quae in communi vita usurpatur: verbo autem hoc coniuncto
tum Sacramentum est ac Christi Baptismus dicitur.

10 † *8. Qui sunt baptizandi ?*

Infantes, qui nuper hanc in lucem sunt editi.

* *9. Cum de Baptismo infantum hodie cum Anabaptistis disputandum
sit, quibusnam fundamentis ille potest superstrui ?*

Primum, Christus baptizari iussit omnes gentes. Ergo et
15 infantes.

Deinde, Regnum Christi tantum cum verbo et Sacramentis
existit: *Nisi enim quis renatus fuerit ex aqua et Spiritu, non
potest ingredi regnum coelorum.* Ergo infantes quoque regno
Christi ut inserantur, non nisi mediante Baptismo fieri potest.

20 *Tertio:* Promissio salutis pertinet etiam ad parvulos: secundum illud Matth. 19, 14. Marc. 10, 13. *Sinite parvulos ad me
venire: Talium enim est regnum coelorum.* Et Matth. 18, 14.
*Non est voluntas patris mei coelestis, ut quisquam pusillorum
istorum pereat*: Ergo ad eosdem infantes pertinent etiam
25 media, quibus promissio salutis applicatur et obsignatur.

Quarto: DEUS ipse testatum fecit, se approbare Baptismum
parvulorum: dum hactenus tot seculis Ecclesiam isto Sacramenti usu infantibus collato, ex genere humano collegit:
Spiritum Sanctum iisdem baptizatis impertivit: ac tandem
30 aeternum plurimos salvos fecit.

Tandem, Baptismus successit in locum circumcisionis.
Coloss. 2, 12. Sicut ergo circumcisio infantibus ceu signum
foederis collata fuit: ita eadem Baptismi sit ratio, necesse est.

2ff. GK, Tf. 6, S. 691f.; Tf. 22, S. 695.   **11** CA IX, 2, S. 63;
Ap. IX, 1, S. 246f.; GK, Tf. 47ff., S. 700f.   **14ff.** Ap. IX, 2f.,
S. 247; GK, Tf. 50, S. 701.   **17** Joh. 3, 5.

† *10. Ergone statuis omnes Infantes baptizatos vere regenerari, et recipi in gratiam DEI ?*

Maxime statuo: Sic enim Apostolus: *Quotquot baptizati sumus in CHRISTUM Iesum, in mortem eius baptizati sumus,* Rom. 6, 3. *Et quotquot in Christum baptizati estis, Christum induistis,* Gal. 3, 27.

Quin et Christus: *Qui crediderit et baptizatus fuerit, salvabitur,* Marc. 16, vers. 16.

* *11. Videris hoc pacto asserere, Infantes baptizatos vere credere in Christum ?*

Recte: Nam infantes per Baptismum virtute Spiritus Sancti vera fide donari, vel inde patet, quod regenerantur. Iam autem vera regeneratio sine fide esse nequit. Quid quod Christus ipse dilucide asserit, *Infantes in se credere:* Matth. 18, 6.

† *12. Suntne adulti etiam baptizandi ?*

Sunt, quotquot quidem ad nostram Ecclesiam se aggregant, et fidei Orthodoxae confessionem edere possunt.

† *13. Anne vero statuis omnes adultos baptizatos aeque regenerari, atque infantes ?*

Respondeo per distinctionem: si nimirum adulti corde vere credunt, uti ore professionem fidei edunt, tum vere salutarem percipiunt Baptismum: sin vero dolus aut hypocrisis subest: tum verum quidem Baptismum, hoc est, integrum quoad substantiam; sed non salutarem percipiunt. Nam citra fidem nihil prodest Baptismus: et sola fides personam dignam facit, ut hanc salutarem et divinam aquam utiliter suscipiat.

* *14. Estne Baptismus reiterandus ?*

Non: Baptismus enim semper verus est et manet ac integra permanet eius substantia. Siquidem quod DEUS semel ordinavit, illud hominum incredulitate everti non potest.

* *15. Sed quid si baptizatus gratia DEI excidat, an non Baptismus repeti debet ?*

Non: Nam licet aliquis salutari fructu Baptismi per peccata excidat: tamen subinde regressus ad eum patet, si videlicet

---

3ff. CA IX, S. 63. **26ff.** GK, Tf. 34, S. 697. **29ff.** GK, Tf. 60, S. 703. **34ff.** GK, Tf. 77, S. 706.

veterem hominem poenitentiae iugo subiiciat. Verum, ut
aqua iterum perfundatur, non est necesse.

* 16. Qui sic ?

Quia si vel maxime talis centies in aquam immergeretur:
5 non tamen nisi unus Baptismus ipsi conferretur: ille nimirum, qui est stipulatio bonae conscientiae cum Deo. Quae
stipulatio ex parte Dei semper manet ἀμεταμέλητος, sive
immutabilis. Proinde si quis post perceptum Baptismum
excidat gratia Dei: sed per veram poenitentiam redeat, tum
10 statim Baptismus semel ipsi collatus, iterum ipsi incipit esse
salutaris.

17. Quid significat immersio illa in aquam, et emersio in actu Baptismi ?

Significat, quod vetus Adam, qui adhuc in nobis est, subinde per quotidianam mortificationem ac poenitentiam in
15 nobis submergi et extingui debeat, una cum omnibus peccatis
et malis concupiscentiis, atque rursus quotidie emergere ac
resurgere novus homo, qui in iustitia et sanctitate coram Deo
vivat in aeternum. Sic enim Apostolus Rom. 6, 4. *Sepulti
sumus una cum Christo per Baptismum in mortem, ut quemad-*
20 *modum excitatus est Christus ex mortuis per gloriam patris,*
ita et nos in novitate vitae ambulemus.

LOCUS VICESIMUS PRIMUS
DE COENA DOMINI

1. Quid est Coena Domini ?

25 Est Sacramentum Novi Testamenti, a Christo institutum,
in quo verum corpus, et verus sanguis Domini nostri Iesu
Christi, in et sub pane et vino omnibus manducantibus et
bibentibus vere distribuitur: et promissio gratiae singulis
credentibus applicatur et obsignatur.

13ff. KK, Tf. 11ff., S. 516f.; GK, Tf. 65, S. 704.   25ff. KK,
Abm. 1f., S. 519f.; GK, Abm. 8, S. 709.

2. *Quod est Definitionis huius fundamentum?*

Illud continent verba institutionis: Matth. 26, 27 et 28.
Marc. 14, 22, 23, et 24. Luc. 22, 19 et 20. et Pauli, 1. Cor.
10, 16. et cap. 11, 23, 24 et 25.

Dominus noster Iesus Christus in ea nocte, qua traditus est, 5
accepit panem, et postquam gratias egisset, fregit et dedit dis-
cipulis suis, dicens: Accipite, comedite, Hoc est Corpus meum,
quod pro vobis datur; Hoc facite in mei commemorationem.

Similiter et postquam coenavit, accepit calicem, et cum gra-
tiam egisset, dedit illis, dicens: Bibite ex hoc omnes; Hic calix 10
novum Testamentum est in meo sanguine, qui pro vobis effun-
ditur in remissionem peccatorum: Hoc facite, quotiescunque
biberitis, in mei commemorationem.

† 3. *Suntne haec verba proprie et secundum literam, an vero figurate et*
metonymice intelligenda? 15

Credimus, docemus et confitemur, verba Testamenti Christi non aliter accipienda esse, quam sicut verba ipsa ad literam sonant: ita, ne panis, absens Christi corpus; et vinum,
absentem Christi sanguinem significent: sed ut propter Sacramentalem Unionem, panis et vinum vere sint corpus et san- 20
guis Christi.

* 4. *Annon Calviniani quoque eodem modo intelligunt verba institutionis?*

Non: sed figurate ea accipiunt: ita, ut EDERE corpus
Christi, nihil aliud ipsis significet, quam CREDERE in Christum, et CORPUS Christi nihil nisi symbolum, hoc est, SIGNUM 25
seu FIGURAM corporis Christi denotet, quod tamen non in
terris, et in sacra Coena praesens: sed tantum in coelis sit.
Sic verbum EST Sacramentaliter, hoc est, (uti ipsi exponunt)
per nudam significationem accipiendum esse, contendunt:
simpliciter interim negantes, Rem cum signis ita copulari, 30
ut Christi quoque caro nunc in terris adsit, modo quodam
invisibili aut incomprehensibili.

* 5. *Sed unde confirmas verba Institutionis proprie et secundum literam*
esse intelligenda?

Inde primum confirmo, quia Dominus et Salvator noster 35
Iesus CHRISTUS (de quo severissimum mandatum de coelis,

2ff. KK, Abm. 3f., S. 520.   16ff. Ep. VII, 7, S. 797f.   23ff. SD
VII, 7, S. 975.   35ff. SD VII, 43, S. 985.

omnibus hominibus datum est, HUNC AUDITE, Matth. 17, 5.)
non est vulgaris aliquis homo aut Angelus: nec est tantummodo verax, sapiens, potens; sed et ipsa aeterna veritas et
sapientia, et verus omnipotens DEUS. Ergo rectissime ipse
5 novit, quid et quomodo loqui debeat, et omnia quae loquitur
et promittit, potentissime efficere et praestare valet: sicut
ipse inquit: coelum et terra transibunt, verba autem mea
non transibunt. Luc. 21, 33.

6. Num aliud quoque tibi in promtu est argumentum?

10   Est maxime. Cum enim hic verax et omnipotens Dominus
noster IESUS CHRISTUS, post ultimam coenam, cum iamiam
acerbissimam suam passionem et mortem accederet, re gra-
vissime deliberata, et magno zelo, augustissimum hoc Sacramentum Ecclesiae ordinaverit; certe res gravissimas et longe
15 maximas animo agitavit, cum haec verba Institutionis pro-
nunciaret: ac proinde non figurate, metaphorice, tropice dicta
aut prolata, sed uti sonant, in propria sua ac perspicua sententia, simplici fide et debita obedientia atque reverentia
accipienda sunt.

20   *7. Num tertium habes probationis argumentum?*

Habeo: et illud quidem omnes circumstantiae institutionis
Coenae Dominicae suppeditant. Cum enim Christus mandatum illud, de edendo suo corpore, et bibendo suo sanguine,
in mensa et in Coena dederit, dubium esse non potest, quin
25 de vero naturali pane, et de vero naturali vino, atque de
manducatione et bibitione, quae ore fit, loquatur.

Deinde Christus ipse praecavere studuit, ne metonymia in
vocabulo CORPORIS, vel signum aut figura, aut etiam virtus
sive beneficia absentis corporis Christi, intelligerentur. Di-
30 serte enim loquitur de vero, essentiali et substantiali suo
corpore, quod in mortem ipse pro nobis tradidit, et de vero
substantiali sanguine suo, quem pro nobis in ara crucis effudit.

8. Da quartum probationis argumentum?

Tres Evangelistae Matthaeus, Marcus, Lucas, et D. Pau-
35 lus, qui institutionem Coenae Dominicae ab ipso Christo,

10ff. SD VII, 44f., S. 985f.   **21ff.** SD VII, 48f., S. 987f.
34ff. SD VII, 52, S. 988f.

post ascensionem ipsius acceperant, unanimi consensu, iisdem verbis et syllabis, haec clara, firma, perspicua et vera verba Christi, Hoc est corpus meum, prorsus eodem modo de benedicto et distributo pane, sine omni tropo, figura aut variatione recitant. 5

† 9. *Agnosco argumentorum evidentiam: Tu vero perge, et ostende, ex quibus rebus constet Sacramenti huius Essentia?*

Confitemur, iuxta verba Irenaei, Eucharistiam constare duabus rebus, *terrena*, pane et vino: et *coelesti*, corpore et sanguine Christi. 10

† 10. *Sic ergo statuis corpus et sanguinem Christi, cum pane et vino vere adesse?*

Maxime statuo: Non enim Elementa sola, sed Elementa, cum re coelesti, Sacramentaliter unita ac realiter praesentia constituunt in his terris Sacramentum Coenae. 15

* 11. *Idemne docet etiam Confessio Augustana?*

Idem per omnia: *Docent,* inquiens, *Ecclesiae nostrae, verum corpus et sanguinem Christi, vere sub specie panis et vini, in sacra Domini Coena praesentia esse, distribui et sumi: Et improbant secus docentes.* Et clarius ejusdem confessionis Apolo- 20 gia; *Confitemur nos sentire, quod in Coena Domini vere et substantialiter adsint corpus et sanguis Christi: et vere exhibeantur cum illis rebus, quae videntur, pane et vino, his qui Sacramentum accipiunt.*

* 12. *Hoc ipsum velim evidentibus rationibus confirmes, nempe corpus et* 25 *sanguinem Christi in Sacramento hoc pani et vino vere esse praesentia in his terris?*

Argumentum primum et praecipuum suppeditant ipsa verba Institutionis. Sic enim expresse Christus: *Accipite, edite, Hoc est corpus meum, Bibite ex hoc omnes, Hic est calix Novi* 30 *Testamenti in meo sanguine.* His verbis constanter inhaeremus, certo statuentes, Christum non aliter facere, atque ipse locutus est.

8ff. SD VII, 14, S. 977. **13ff.** CA X, S. 64; SD VII, 9, S. 976. **17ff.** Ap. X, 1, S. 247f.; SD VII, 9ff., S. 976. **28ff.** GK, Abm. 13, S. 710; SD VII, 22, S. 979.

* *13. Da reliqua argumenta?*

Alterum est, quod cum Paulus dicat, panem esse participationem corporis Domini, vinum esse participationem sanguinis Christi: sequeretur, panem non esse participationem
5 corporis, neque vinum participationem sanguinis, sed tantum Spiritus Christi, si non adesset vere corpus et sanguis Domini.

Tertio huc referri debent, quatuor illa fundamenta, quibus B. Lutherus praesentiam corporis et sanguinis Christi in S. Coena evidentissime asseruit.

10 ### * *14. Recense quaeso illa?*

Primum est hic articulus fidei: Iesus Christus est substantialis, naturalis, verus, perfectus DEUS et Homo in una persona indivisus et inseparabilis.

Secundum, quod dextera DEI est ubique.

15 *Tertium*, quod verbum DEI neque falsum est, neque fallax.

Quartum, quod DEUS varios modos habet, novitque, quibus aliquo in loco esse potest: neque uno illo tantum modo contentus esse cogitur, de quo fanatici homines nugantur, quem Philosophi localem vocant.

20 † *15. Si vere adsunt praesentia corpus et sanguis Christi in Sacramento; Quanam quaeso ratione cum pane et vino exhibentur et accipiuntur?*

Non certe hoc fit per Transsubstantiationem illam pontificiam, qua fingitur, quod panis et vinum, si consecrata et benedicta fuerint, in sacrosancta Coena, substantiam et
25 essentiam suam penitus amittant, et in substantiam corporis et sanguinis Christi convertantur, ita quidem ut sola externa species panis et vini, sive accidentia sine subiecto, reliqua maneant.

Neque etiam hoc fit per consubstantiationem sive localem
30 inclusionem corporis et sanguinis Christi in pane et vino: neque etiam per durabilem aliquam coniunctionem extra usum Sacramenti. Sed fit per Sacramentalem Unionem, quae vi promissionis Christi praestat, ut porrecto pane simul adsit et vere exhibeatur corpus Christi, et porrecto vino simul vere
35 adsit et exhibeatur sanguis Christi.

2ff. Ap. X, 1, S. 248; SD, VII, 9f., S. 976; VII, 54, S. 989.
11ff. SD VII, 94ff., S. 1006.   **22ff.** SD VII, 14, S. 977; SD VII, 108, S. 1010.

† *16. Quid ergo est Unio Sacramentalis ?*

Est divinae virtutis operatio, qua duae diversae res, nempe
terrena et coelestis, hoc est, panis et vinum, corpus et sanguis
Christi, in vero usu Coenae, qui consistit in manducando et
bibendo, Sacramentaliter, hoc est, supernaturali et ineffabili   5
modo sibi invicem sunt unitae, et secundum institutionem
Christi simul distribuuntur et accipiuntur.

† *17. Cur autem et quo sensu utuntur Ecclesiae nostrae particulis IN,*
CUM et SUB pane ac vino ?

Primum ad reiiciendam Papisticam Transsubstantiatio-   10
nem. Deinde ad docendam Sacramentalem Unionem signi
cum signato, hoc est, rei terrenae et coelestis. Tandem ad
ostendendum, verba Christi (*Hoc est corpus meum*) simpliciter, et ut verba sonant, accipienda et amplectenda esse.

* *18. Annon hinc intelligi potest, quae sit natura Sacramentalium*   15
propositionum ?

Potest omnino: Nam Sacramentales propositiones non
sunt eae, in quibus rei terrenae duntaxat per quandam similitudinem sive figuram tribuitur nomen rei coelestis, verbali
praedicatione, uti Calviniani somniant: sed quando mediante   20
Unione Sacramentali rei terrenae cum coelesti, illud quod
cum pane manducatur, dicitur esse corpus Christi: et quod
cum vino bibitur, dicitur esse sanguis Christi: idque verissima et realissima praedicatione. Tales propositiones Sacramentales sunt: *Hoc est corpus meum: Hoc est sanguis meus:*   25
Item: *Panis est participatio corporis Christi, Vinum est par-*
ticipatio sanguinis Christi.

19. Statuisne corpus et sanguinem Christi in Sacramento ORE corporis
accipi ?

Credo certe et statuo, corpus et sanguinem Christi non   30
tantum spiritualiter per fidem, sed etiam ORE, non tamen
Capernaitico, sed supernaturali et coelesti modo, ratione
Sacramentalis Unionis, cum pane et vino sumi.

10ff. SD VII, 35, 38, S. 983 f.   **17ff.** SD VII, 116, S. 1012.
30ff. Ep. VII, 15, S. 799.

* *20. Ergo, quantum intelligo, geminam concedis manducationem corporis Christi ?*

Utique: Una enim manducatio corporis Christi est SPIRI-
TUALIS, de qua praecipue Christus in Evangelista Iohanne,
5 capite sexto agit: quae non alio modo, quam Spiritu et fide
in praedicatione et meditatione Evangelii fit, non minus
quam cum Coena Domini digne et in fide sumitur. Haec
spiritualis manducatio per se utilis et salutaris est, omnibusque Christianis, et quidem omnibus temporibus ad salutem
10 necessaria. Spiritualiter enim manducare nihil aliud est,
quam CREDERE in Christum.

* *21. Quae est altera manducatio corporis Christi ?*

Altera manducatio corporis Christi est SACRAMENTALIS, et
ore fit, quando in sacra Coena verum et substantiale corpus
15 et sanguis Christi, ore accipiuntur atque participantur, ab
omnibus, qui panem illum benedictum, et vinum in Coena
Dominica edunt bibuntque.

* *22. Annon vero Sacramentalis haec manducatio potest etiam dici spiritualis ?*

20 Potest: sed non eo sensu, quo Sacramentarii volunt, quasi
in Sacramento Coenae, duntaxat Spiritus, sive virtus absentis
corporis Christi, eiusque meritum praesens sit, et a fidelibus
percipiatur. Verum per vocabulum (spiritualis sive spiritualiter) intelligimus supernaturalem et coelestem modum,
25 secundum quem Christus in sacra Coena praesens est. Et
quidem per hoc ipsum vocabulum Capernaiticas illas ima-
ginationes de crassa et carnali praesentia excludimus et
reiicimus.

* *23. Concurritne utraqu manducatio Sacramenti huius usu ?*

30 Concurrit quoad pios sive credentes: non vero quoad
impios sive incredulos. Credentes enim non modo Sacramentaliter et ore percipiunt Sacramentum, sed et spiritualiter,
hoc est, salutarem eius fructum per fidem percipiunt, in
certum pignus et confirmationem, quod peccata ipsis certo

3 ff. SD VII, 61 f., S. 993.   **20 ff.** Ep. VII, 5, S. 797.   **30 ff.** SD
VII, 63, S. 993 f.

sint remissa. Impii vero spirituali hac et salutari manducatione propter incredulitatem destituti, Sacramentaliter, hoc
est, ore tantum sumunt idem corpus et eundem sanguinem
Christi, sed ad iudicium et damnationem.

† *24. Proba corpus et sanguinem Christi ore corporis accipi ?*   5

Id vero expresse docent verba Christi, quibus Coenam instituit. In prima enim Coena mensae assidens, discipulis suis
naturalem panem et naturalem vinum porrigit: et de iis pro-
nunciat, verum esse corpus et sanguinem suum: et iubet eos
edere et bibere. Ergo illud Christi mandatum, consideratis   10
diligenter omnibus circumstantiis, non potest nisi de orali,
non autem de crassa, carnali, Capernaitica, sed de supernaturali et incomprehensibili manducatione corporis Christi
intelligi.

† *25. Num aliud occurrit argumentum ?*   15

Maxime. Nam D. Paulus 1. Cor. 10, 16. *Calix,* inquiens,
*benedictionis, cui benedicimus, nonne communicatio sanguinis
Christi est? et panis, quem frangimus, nonne participatio corporis Christi est?* hanc oralem manducationem evidenter adstruit. Si enim Apostolus duntaxat de spirituali communica-   20
tione corporis Christi, quae per fidem fit, ageret (uti Sacramentarii volunt), non dixisset, panis, sed Spiritus, aut Fides est
communicatio corporis Christi: At Apostolus affirmat, panem
esse communicationem corporis Christi, quod videlicet omnes,
qui participant benedictum panem, etiam corporis Christi   25
participes fiant. Ex eo ergo hoc conficitur, Paulum haud-
quaquam de spirituali, sed de Sacramentali, sive ea, quae ore
fit, participatione corporis Christi loqui, quae piis et impiis,
dignis et indignis communis sit.

26. Manducantne et bibunt Indigni quoque, Impii et Infideles ore   30
sanctissimum corpus et sanguinem Christi ?

Quod non digni tantum et credentes, sed indigni etiam et
infideles, verum corpus et verum sanguinem Christi, ore, in
Sacramento sumant, et grande scelus indigne edendo et
bibendo, in corpus et sanguinem Christi admittant, id D.   35
Paulus expresse attestatur.

6ff. SD VII, 64, S. 994; Ep. VII, 15, S. 799.   **22ff.** SD VII, 56,
S. 990.   **31ff.** SD VII, 60, S. 991.

† *27. Priusquam hoc demonstres, ostende, Quinam sint digni et Indigni ?*

Indigni sunt et dicuntur, qui sine vera poenitentia et contritione, et sine vera fide, et absque bono proposito vitam emendandi, ad Coenam Domini accedunt. Digni vero sunt
5 credentes in Christum et non hi tantum, sed et infirmi in fide, pusillanimes, perturbati Christiani, qui dum magnitudinem et multitudinem suorum peccatorum secum reputant, cohorrescunt, quia magnam suam immundiciem considerantes, hoc preciosissimo thesauro et beneficiis Christi indig-
10 nos sese iudicant: qui denique fidei suae infirmitatem sentiunt et deplorant, et nihil magis in votis habent, quam ut firmiore fide et puriore obedientia Deo servire possint.

† *28. Perge iam et confirma indignos omnes, in usu huius Sacramenti,*
accipere ore ipsum corpus Christi ?

15 Id confirmat Apostolus 1. Cor. 11, 27 et 29: *Si quis,* inquiens,
ederit panem hunc, aut biberit de poculo Domini indigne, reus
erit corporis et sanguinis Domini: Qui autem edit et bibit in-
digne, iudicium sibi edit et bibit, non diiudicans corpus Do-
mini.
20 Dilucide nimirum asserit Apostolus, eos, qui indigne de
Hoc pane (qui est κοινωνία corporis Christi) edunt, et de
calice benedictionis (qui est κοινωνία sanguinis Christi)
bibunt, reos fieri, non tantum panis et vini, non tantum signorum et symbolorum, aut figurae corporis et sanguinis: sed
25 ipsius corporis et sanguinis Iesu Christi, quem in sacra
Coena praesentem contumelia atque ignominia afficiunt.

* *29. Quid statuis de verbis consecrationis, anne aliquam ea vim habent*
ejficiendi Sacramentum ?

Quoad consecrationem, credimus et confitemur, quod nul-
30 lum opus humanum, neque ulla ministri Ecclesiae pronunciatio, praesentiae corporis et sanguinis Christi in Coena,
causa sit: sed quod hoc soli omnipotenti virtuti et institutioni Domini nostri Iesu Christi sit tribuendum, cuius
verissima et omnipotentia verba, in prima institutione pro-
35 nuntiata, non modo tum fuere efficacia: sed eorum vis,

2ff. SD VII, 68f., S. 996.   **15ff.** SD VII, 60, S. 991.   **29ff.** Ep.
VII, 8, S. 798; SD VII, 75, S. 998.

virtus et efficacia adhuc hodie durat valetque; ita quidem
ut Christus ipse (ubi ipsius institutio observatur, et verba
eius super pane et vino recitantur, et benedictus panis, et
vinum benedictum distribuuntur) per verba illa recitata,
VIRTUTE PRIMAE INSTITUTIONIS, hodie etiam sit efficax.   5

* *30. Ergo verba consecrationis possent circa actionem huius Sacramenti,*
tuto omitti ?

Minime vero omittenda, sed publice recitanda sunt verba
Institutionis, sicut scriptum est: *Calix benedictionis, cui*
benedicimus, nonne communicatio sanguinis Christi est?   10
Haec autem benedictio fit per recitationem verborum
Christi.

Deinde satisfaciendum et parendum Christi mandato, qui
inquit: *Hoc facite:* non igitur omittendum est, quod Christus
ipse in S. Coena fecit.   15

Tertio, hanc etiam ob causam verba Christi recitanda sunt,
ut auditorum fides, de substantia et fructu huius Sacramenti,
per verba Testamenti Christi excitetur, confirmetur, et quam
certissima reddatur.

Tandem, ut Elementa panis et vini, ad hunc sacrum usum   20
sanctificentur, sive benedicantur: et a reliquis eiusdem generis Elementis quasi separentur.

* *31. Cum constet pontificios Sacramentum administrare sub una tantum*
specie: quaero quid hac de re statuas ?

Statuo atrox et horrendum sacrilegium committi, quando   25
Laicis una tantum pars Sacramenti datur: et contra expressa
verba Testamenti Christi, calice illis interdicitur, atque ita
sanguine Christi spoliantur.

* *32. Profer huius tuae sententiae rationes ?*

Primum Christus instituit utramque partem, et instituit   30
non pro aliqua parte Ecclesiae: sed pro tota Ecclesia. Si pro
tota Ecclesia, cur parti Ecclesiae adimitur aliqua species?
Cur mutatur ordinatio Christi?

8ff. SD VII, 80ff., S. 1000.   **25ff.** CA XXII, 1ff., S. 85; Ap.
XXII, 1ff., S. 328f.; AS: C, VI, 1ff., S. 450f.; Ep. VII, 24, S. 801.
30ff. Ap. XXII, 1, S. 328.

Deinde Christus manifeste iussit OMNES bibere de poculo,
Matth. 26, 27. Et ne quis cavillari possit, quod hoc ad Sacer-
dotes tantum pertineat, Paulus in 1. Cor. 11, 24 et seqq.
exemplum recitat, ex quo apparet, totam Ecclesiam utraque
5 specie usam esse.

* 33. Pluresne abominationes circa Sacramentum hoc fovent Romanenses?

Maxime: 1. Abominatio enim est figmentum illud Trans-
substantiationis sive conversionis substantiae panis in substantiam corporis Christi: et substantiae vini in substantiam
10 sanguinis Christi.

2. Abominatio est, quod fingunt, corpus Christi sub specie
panis revera Sacramentaliter praesens esse, etiam extra
actionem Coenae Dominicae: cum tamen nihil habeat rationem Sacramenti, extra usum a Christo institutum, qui in
15 manducando et bibendo consistit.

3. Abominatio est, quod panis (qui fingitur iam esse trans-
substantiatus in corpus Christi) in sacrario inclusus adser-
vatur, aut in solenni theatrica pompa, quam Processionem
vocant, adorandus ostentatur et circumgestatur.

20 4. Abominatio denique est, quod Sacramentum Coenae
commutant in sacrificium proprie sic dictum, et quidem in
sacrificium propitiatorium pro vivis et defunctis, quod vocant
Missaticum.

† 34. Quae est causa finalis instituti Sacramenti Eucharistici, respectu
25 **nostri?**

Ideo institutum est, ut fides in iis, qui utuntur Sacramento,
recordetur, quae beneficia accipiat per Christum, et erigat et
consoletur pavidam conscientiam. Nam id est Christi meminisse, beneficia eius meminisse, ac credere, quod vere exhibe-
30 antur nobis.

† 35. Estne saepe utendum Sacramento?

Utique: Initio enim habemus verba Christi: *Hoc facite in
mei commemorationem.* Quae verba sunt praecipientia.

Deinde, Quo frequentius Sacramento uteris, eo impensius
35 cor incalescit et inflammatur amore DEI.

1ff. CA XXII, 2, S. 85.   **7ff.** SD VII, 108ff., S. 1010.   **26ff.** CA
XXIV, 30f., S. 94; Ap. XXIV, 72, S. 370.   **32ff.** GK, Abm. 45,
S. 716; 54, S. 719; 64, S. 720; 72, S. 722; KK, Vorr. 22, S. 506.

Tertio, benigna promissio, mandato Christi adiecta, nos
omnium vehementissime ad crebrum Sacramenti huius usum
instigare et impellere debet: quae sic sonat: *Hoc est corpus
meum, quod* PRO VOBIS *traditur: Hic est sanguis meus, qui*
PRO VOBIS *effunditur in remissionem peccatorum.*   5

Tandem sensus indignitatis et miseriae nostrae, accendat in
nobis desiderium Sacramenti huius. In eo enim te Christo
reficiendum, levandum et corroborandum offers.

LOCUS VICESIMUS SECUNDUS
DE SACRIFICIIS: ET DE MISSA PONTIFICIA   10

1. Quid est sacrificium proprie sic dictum ?

Sacrificium est ceremonia vel opus a DEO mandatum, quod
nos DEO reddimus, ut ipsum honore afficiamus.

2. Quomodo differt sacrificium a Sacramento ?

Sacramentum est ceremonia vel opus, in quo DEUS nobis   15
exhibet hoc, quod offert annexa ceremoniae promissio. Sacrificium vero, uti iam dictum, est opus, quo nos DEO aliquid
exhibemus.

3. Quotuplicia sunt sacrificia ?

Duae tantum sunt sacrificii species. Unum est PROPITIA-   20
TORIUM, hoc est, opus satisfactorium pro culpa et poena,
reconcilians DEUM, et placans iram eius, aliiisque meretur
remissionem peccatorum. Quale sacrificium tantum unicum
in mundo est oblatum, et quidem semel, neque repeti potest
aut debet, videlicet Sacrificium mortis Christi. Hebr. 7, 27.   25
et cap. 10, ver. 12.

---

15 ff. Ap. XXIV, 18, S. 354.   **18 ff.** ibd.   **23 ff.** Ap.
XXIV, 19, S. 354.

Altera species est sacrificium EUCHARISTICUM, quod non meretur remissionem peccatorum, aut reconciliationem: sed fit a reconciliatis, ut pro accepta remissione peccatorum, et pro aliis acceptis beneficiis gratias DEO agant. Qualia sacri-
5 ficia in veteri Testamento erant oblatio, libatio, retribu-tiones, primitiae, decimae.

† *4. Annon quaedam sacrificia Levitica erant etiam propitiatoria ?*

Erant: sed sic dicebantur propter significationem sive similitudinem, non quod sua virtute, aut per se mererentur
10 remissionem peccatorum coram DEO: sed partim quia Typum gerebant promissi Mundi Messiae, unici veri pro-pitiatoris: partim, quia merebantur remissionem peccatorum, secundum iustitiam legis, ne videlicet illi, pro quibus fiebant, excluderentur ab ista politia. Et hoc respectu Ecclesiastico
15 dicebantur sacrificia propitiatoria pro peccato, pro delicto, et holocausta.

† *5. Habentne Sacrificia illa Levitica propitiatoria adhuc locum*
in Ecclesia DEI ?

Non: Quia enim lex Levitica cessare in Evangelii revela-
20 tione debuit: cessarunt et haec sacrificia, et vel ideo non erant vere propitiationes, cum Evangelium ideo promissum sit, ut exhibeat veram propitiationem.

† *6. Suntne Sacrificia Eucharistica uniusmodi ?*

Non: Quaedam enim erant externa, in Levitico Mosis de-
25 scripta, et iam pridem antiquata: Quaedam vero sunt sacri-ficia Eucharistica spiritualia, utrique Testamento communia, et ad finem usque seculi duratura: qualia sunt sacrificia laudis, ut praedicatio Evangelii, fides, invocatio, gratiarum actio, confessio, afflictiones Sanctorum: Imo omnia opera
30 sanctorum.

De his sacrificiis spiritualibus loquitur Malachias cap. I, 11. *Ab ortu solis usque ad occasum, magnum est nomen meum in gentibus, et in omni loco incensum offertur nomini meo, et oblatio munda.*
35 Et D. Petrus I. cap. 2, 5 et 9. *Vos estis regale sacerdotium, ad offerendum spirituales hostias, acceptabiles DEO per Iesum Christum.*

8ff. Ap. XXIV, 21, S. 355.   **24ff.** Ap. XXIV, 25, S. 356; 31, S. 358.

* *7. Merebanturne sacrificia Levitica aliquid ex opere operato ?*

Non: Ipsi enim Prophetae veteris Testamenti hanc opinionem de opere operato damnarunt, exigentes iustitiam et sacrificia Spiritus.

Ierem. 7, 22. *Non sum locutus cum patribus vestris, et non* 5
praecepi eis in die, qua eduxi eos ex Aegypto, de holocaustis et
victimis, sed hoc verbum praecepi eis, dicens: Audite vocem
meam, et ero vobis Deus etc.

Psal. 50, 13. *Numquid manducabo carnes taurorum etc.*
Invoca me in die tribulationis tuae, et eripiam te, et honori- 10
ficabis me.

Psal. 51, 18. *Holocaustis non delectaris: sacrificium Deo,*
Spiritus contribulatus, cor contritum et humiliatum Deus non
despicies.

* *8. Estne Missa Pontificia sacrificium proprie sic dictum ?* 15

Romanenses affirmate respondent, contendentes in Missa, hoc est, in celebratione Coenae Dominicae, corpus et sanguinem Christi Deo patri offerri a Sacerdote, pro peccatis vivorum et mortuorum. Quam opinionem tanquam impiam et blasphemam reiicio ac damno. 20

* *9. Qui sic ?*

Primum, quia Christus, Scriptura teste, patiendo in cruce, semel duntaxat offerri debuit, et oblatus est. Hebr. 7, 27. et cap. 9, 12. cap. 10, 2 et 12. Ergo fieri nequit, ut in Missa et quidem indesinenter offeratur. 25

Deinde, Scriptura docet: Nos coram Deo iustificari per fidem in Christum, cum credimus, nobis remitti peccata propter Christum. Iam si Missa pontificia delet peccata vivorum et mortuorum ex opere operato, utique iam non ex fide, sed ex opere Missarum obtinget iustificatio. 30

Tertio, Coenae Dominicae usus geminus in verbis institutionis exprimitur: Unus externus, qui in manducando et bibendo consistit: Internus alter, ut nimirum hoc fiat in Christi memoriam. Sed neuter usus vel minimam suspicionem de instituto sacrificio movere potest: quin posterior iste 35

2ff. Ap. XXIV, 22, S. 93.   16ff. CA XXIV, 22, S. 93.   22ff. CA XXIV, 26ff., S. 93f.

usus, Sacrificium Missaticum penitus evertit. Si enim sacrificii memoria hic peragitur, certe ipsa Coena sacrificium illud
esse nequit.

Tandem, Missa haec Pontificia, tanquam Draconis cauda,
5 peperit innumerabiles abominationes et Idololatrias: ut purgatorium, apparitiones animarum, peregrinationes, frater-
nitates, reliquias Sanctorum, Indulgentias denique vivis et
defunctis pro pecunia venditas.

LOCUS VICESIMUS TERTIUS
10   DE SCANDALO

1. Quid est Scandalum ?

Scandalum est dictum aut factum, quo alius fit deterior,
vel quia error aliquis in eo confirmatur, vel quia imitatur
malum exemplum, vel denique quia flammas majores odii
15 adversus Evangelium concipit.

2. Quotuplex est Scandalum ?

Duplex: Unum Pharisaicum, sive acceptum: quod est
quando pii irascuntur verae doctrinae Evangelii, aut honestis
ac necessariis factis: ut cum nolunt proponi veram doctrinam,
20 et taxari errores: aut nolunt aboleri cultus Idolorum etc.

Alterum est scandalum datum: quod est, aut falsa doctrina, aut malum exemplum, quod aliis nocet, vel quia licen-
tiam in aliis confirmat, vel quia alios ad imitationem invitat,
vel quia deterret aliquos ab Evangelio, vel quia praebet
25 occasionem maledicendi Christo aut Ecclesiae Dei, vel quia
serit alia plura peccata.

† *3. Quaenam Regulae circa scandalum sunt observandae ?*

Duae potissimum: prior est de scandalo dato, quod summa
cura atque vigilantia, piis omnibus est vitandum: secundum
30 admonitionem CHRISTI, Matth. 18, 7: *Vae Homini illi, per
quem venit scandalum.*

12ff. Melanchthon, Loci, CR XXI, 1029 = St. A. II, 2, S. 752.
17ff. ibd. S. 1030 = St. A. S. 752.

† *4. Quae est posterior regula?*

Posterior est de scandalo accepto, quod pii non ita evita-
bunt, ut, quod pium, honestum aut necessarium est, inter-
mittant: sed hypocritis, et hostibus veritatis, ne quidem ad
momentum cedent: fortes ac intrepidi stantes in ea libertate, 5
in quam per Christum sunt asserti: uti supra Articulo XVIII
circa legitimum usum Libertatis Christianae, ex professo est
ostensum.

† *5. Potestne praecaveri scandalum datum?*

Potest: 1. Si doctrina Evangelii pure, perspicue et distincte 10
proponatur: ita ut errores contrarii ex fundamentis Scripturae solide refutentur.

2. Si recepti in Ecclesia ritus, et qui sine impietate servari
possunt, non facile mutentur.

3. Si quisque studeat vitae morumque innocentiae: cum- 15
primis vero Ministri Ecclesiae dent operam, ut sint irreprehensibiles, et typus fidelium.

4. Si omnis intempestivus usus libertatis Christianae inter-
mittatur.

5. Si disciplina publice et privatim conservetur. 20

LOCUS VICESIMUS QUARTUS
DE CRUCE ET CONSOLATIONIBUS

*1. Propter quas causas DEUS permittit, ut pii subinde variis afflic-
tionibus exerceantur?*

Causae possunt dari quam plurimae: sed praecipuae sunt 25
hae:

1. Quia piis etiam peccati reliquiae, et graviores concupiscentiae carnis adversus Spiritum adhaerescunt. Ergo per
crucem eos Deus subinde excitat ad poenitentiam, fidem,
preces, novitatem vitae, et id genus alia pietatis exercitia: 30
Esa. 28, 19. *Vexatio dat intellectum.*

---

5 1622: cedant.

2. Quia Deus vult, ut pii hac etiam in vita, conformes fiant imagini Filii Dei, Rom. 8, 29.

3. Quia hoc pacto Deus praesentiam, dilectionem, omnipotentiam suam, erga pios evidentius testatur: Iesa. 37, 20:
5 *Libera eos, ut sciant omnia regna terrae, quod in Israel sit Deus.*

4. Quia vult pios edere testimonium fidei et confessionis suae, quod non hypocritice, sed vere sic credant et sentiant, nec sui commodi causa circumferant doctrinam fictam:
10 Psal. 116, 10: *Credidi, propter quod locutus sum: Ego autem humiliatus sum nimis.*

2. Quomodo ferendae sunt calamitates?

Primum in vera humilitate, quae consistit in seria et ardenti agnitione peccatorum.
15 Deinde, in vera fide in Christum, ut per hunc solum mitigationem calamitatum a Deo petamus.

Tum, in vera patientia, quae in sola Dei voluntate placide acquiescat.

Tandem in firmis consolationibus, quibus nos ipsos sub
20 cruce erigamus.

† 3. Unde sunt petendae eiusmodi consolationes?

Ex verbo Dei: secundum illud Davidis Psal. 119,92: *Nisi, Domine, Lex tua consolatio mea fuisset, periissem in afflictionibus meis.*

25 ### * 4. Annon Philosophia quoque consolationes certas monstrat?

Monstrat quidem consolationes, sed admodum infirmas, quae in gravioribus afflictionibus subsistere non possunt: Quales sunt: 1. Necessitas: Unde tritum illud: *Feras, non culpes, quod mutare non potes.* 2. Dignitas virtutis: ut non
30 iniuste faciamus quicquam, propter dolorem. 3. Bona conscientia. 4. Exempla aliorum. 5. Spes laeti exitus. 6. Nominis immortalitas: et si quae his sunt consimiles aliae.

* 5. Profer firmiora consolationum argumenta ex Scripturis?

Quinque potissimum consolationum argumenta ex Scrip-
35 turis peti possunt. Primum est, Bona Dei voluntas: Non

26ff. Melanchthon, Examen Ordinand. CR XIII, 78; Loci CR XXI, 941 = St. A. II, 2, S. 631f.

enim casu aut fortuito, sed DEO sic ordinante affligimur.
Matth. 10, 29, 30. *Non unus passerculus cadit super terram
sine patris vestri voluntate: omnes autem capilli capitis vestri
sunt numerati: Ne igitur timeatis, multis passeribus meliores
estis.*

* 6. Quod est alterum ?

Alterum est, Finis bonus calamitatum: Rom. 8, 28. *Scimus,
quod diligentibus DEUM, omnia cooperantur in bonum.*

* 7. Da tertium ?

Tertium est, Promissio auxilii et divinae praesentiae in
quibusvis afflictionibus: Psal. 91, 15. *Cum ipso sum in tribu-
latione, eripiam eum, et glorificabo eum.*

* 8. Profer quartum ?

Quartum est, Bona conscientia, quae in adversis magno
solatio est: 2. Corinth. 1, 12. *Haec est gloriatio nostra* (in
afflictionibus) *testimonium conscientiae nostrae.*

* 9. Cedo quintum ?

Quintum et postremum, certa fiducia de remissione
peccatorum in CHRISTO, quae facit, ut simus in gratia DEI,
quibuscunque tandem exerceamur afflictionibus Rom. 8, 33.
*Quis accusabit electos DEI? DEUS est, qui iustificat: Quis est,
qui condemnet? Christus est, qui mortuus est pro nobis. Quis
ergo nos separabit a charitate CHRISTI? tribulatio? an an-
gustia? an fames? an nuditas? an periculum? an persecutio?
an gladius? Sed in his omnibus longe vincimus, propter eum,
qui dilexit nos. Certus enim sum, quod neque mors, neque vita,
neque angeli, neque principatus, neque virtutes, neque praesentia, neque futura, neque fortitudo, neque altitudo, neque profundum, neque creatura alia poterit nos separare a charitate
DEI, quae est in CHRISTO IESU Domino nostro.*

LOCUS VICESIMUS QUINTUS
DE INVOCATIONE

† *1. Estne invocationis cultus necessarius, an vero indifferens, et in nostro arbitrio positus ?*

5 Est maxime necessarius, idque propter mandatum divinum. Ita enim in secundo praecepto audimus: Non assumes nomen Domini DEI tui in vanum; quibus verbis hoc simul exigitur, ut sanctum DEI nomen laudemus, idemque in omnibus necessitatibus precando invocemus. Invocare enim
10 nihil aliud est, quam preces ad DEUM fundere.

Psal. 50, 15. *Invoca me in die tribulationis.*

Matth. 7, 7. *Petite et dabitur vobis, quaerite et invenietis, pulsate, et aperietur vobis.*

Deinde ad preces ad DEUM fundendas inflammare nos
15 debet nostra et aliorum indigentia et Necessitas.

Matth. 26, 41. *Vigilate et orate, ne intretis in tentationem.*
1. Tim. 2, 1. *Hortor primum omnium fieri obsecrationes, orationes, postulationes, gratiarum actiones, pro omnibus hominibus.*

20 *2. Quid est precatio sive invocatio DEI ?*

Est bonorum necessariorum, non externa tantum voce, sed interno cordis affectu, propter CHRISTUM mediatorem, vera fide apprehensum, a DEO facta petitio: coniuncta cum debita Gratiarum actione, pro acceptis beneficiis.

25 † *3. Quis finis et effectus est Invocationis ?*

Hoc scire debemus, omnem tutelam ac defensionem nostram, in oratione unice sitam esse. Multo enim viribus imbecilliores sumus, quam ut cum Diabolo eiusque sociis auxiliaribus nos infestantibus aequo Marte depugnare queamus. Quare solius orationis adminiculo, et Diabolo et ipsius
30 satellitibus fortiores sumus.

Psal. 145, 18. *Prope est Dominus omnibus invocantibus eum: omnibus invocantibus eum in veritate. Voluntatem timentium se faciet, et clamorem eorum exaudiet, et salvos faciet eos.*

5ff. GK III, 5, S. 663; 19, S. 666.   **26ff.** GK III, 30, S. 669.

Proverb. 18, 10. *Turris fortissima nomen Domini: ad ipsum currit iustus, et exaltabitur.*

Eccles. 35, 21. *Oratio humilis nubes penetrat, et non cessat, donec Altissimus adspiciat.*

4. *Quot requiruntur ad veram Invocationem?* 5

Tria potissimum: 1. Ut solus Deus invocetur. Matth. 4, 10. *Dominum Deum tuum adorabis, et illi soli servies.* Ies. 42, 8. *Gloriam meam alteri non dabo.*

Deinde, ut Deus invocetur in nomine Iesu Christi Servatoris nostri. Ioh. 14, 14. *Si quid petieritis in nomine meo,* 10 *hoc faciam.* Ioh. 16, 23. *Amen, Amen dico vobis, si quid petieritis patrem in nomine meo, dabit vobis.*

Tum, ut fides nostra certo nitatur promissionis verbo.

5. *Siccine ergo bona quaevis licet a Deo petere?*

Licet quidem, sed non uno eodemque modo. Nam bona 15 spiritualia, ut Spiritum Sanctum, remissionem peccatorum, perseverantiam in fide, patientiam et id genus alia, ad fidem et salutem pertinentia, freti promissione Dei, sine ulla conditione petamus, et indubitato expectemus: cuius rei exemplum suppeditat Psalmus quinquagesimus primus. Corpo- 20 ralia autem bona cum conditione: si nimirum sit Dei bona voluntas. Matth. 8, 2. *Domine, si vis, potes me mundare.* Matth. 26, 39. *Pater mi, si possibile est, transeat a me calix iste: veruntamen non sicut ego volo, sed sicut tu vis.*

6. *Quidnam cum vera Invocatione debet esse coniunctum?* 25

Gratiarum actio: Psal. 50, 15. *Invoca me in die tribulationis, et eruam te, et HONORIFICABIS ME.* Col. 3, 17. *Omne quodcunque facitis in verbo aut in opere, omnia in nomine Domini nostri Iesu, GRATIAS AGENTES Deo et patri per ipsum.*

* 7. *Annon etiam sanctis coelitibus hic honos Invocationis debetur?* 30

Memoria quidem Sanctorum proponi potest, ut imitemur fidem eorum, Hebr. 13, 7. Deinde ut Deo gratias agamus, quod tales Doctores concesserit Ecclesiae: Tandem ut virtutes eorum, quisque pro sua vocatione imitetur, Iacob. 5, 10.

31ff. CA XXI, 1, S. 83b; Ap. XXI, 4ff., S. 317f.

Verum ut eos invocemus, sive quicquam auxilii ab iis petamus, id Scriptura nuspiam docet.

* 8. Qui sic vero ?

Quia Scriptura unum Christum nobis proponit mediatorem,
5 propitiatorem, Pontificem et intercessorem. Hic invocandus
est, et promisit se exauditurum preces nostras, et hunc cultum maxime probat, videlicet, ut invocetur in omnibus
afflictionibus: I. Ioh. 2, 1. *Si quis peccat, habemus advocatum
apud DEUM, iustum, qui est propitiatio pro peccatis nostris,*
10 *non pro nostris autem tantum, sed pro totius mundi peccatis.*

Deinde, quia neque praeceptum, neque promissio, neque
exemplum ex Scripturis, de invocandis sanctis afferri potest,
sequitur conscientiam nihil posse certi de tali invocatione
habere.

15   Tandem, oratio debet ex fide fieri: Iam vero Scriptura neutrum confirmat, vel quod DEUS approbet illam invocationem:
vel quod Sancti intelligant singulorum preces.

* 9. Siccine ergo statuis sanctos nostros preces non intelligere ?

Etsi de sanctis coelitibus concedimus, quod sicut vivi orant
20 pro Ecclesia universa in genere, ita in coelis etiam orent pro
Ecclesia in genere, licet testimonium nullum de mortuis
orantibus extet in Scripturis, praeter illud somnium, sumtum
ex lib. 2. Maccab. 15, 12. et seqq.: tamen quod in specie
audiant et intelligant gemitus et preces invocantium, illud
25 Scriptura διαρρήδην negat. Esa. 63, 16. *Abraham nescit nos,*
et Israel ignorat nos: Tu autem Dominus pater noster, redem-
tor noster, a seculo nomen tuum.

† 10. Annon vero Sancti quoque merita sua nobis applicare possunt ?

Romanenses quidem non solum invocationem in cultu
30 Sanctorum requirunt, sed etiam applicant eorum merita pro
aliis, et faciunt ex Sanctis non solum deprecatores, sed etiam
propitiatores. Id vero nullo modo ferendum est. Nam sic
proprius honos Christi transfertur in Sanctos: Faciunt enim
eos mediatores et propitiatores.

4ff. CA XXI, 2f., S. 83b; Ap. XXI, 10, S. 318.   **19ff.** Ap. XXI,
9, S. 318.   **29ff.** Ap. XXI, 14, S. 319.

† *11. Excipiunt Romanenses, se sanctos non constituere mediatores redemtionis: sed tantum mediatores intercessionis.*

Sic quidem illi distinguunt: sed patet ex ipsorum Scriptis, ipsos constituere Sanctos etiam mediatores redemtionis. Deinde illud quoque sine Scripturae testimonio dicunt, quod sint Mediatores intercessionis. Hoc enim itidem obscurat officium Christi, et fiduciam misericordiae debitam Christo, transfert in Sanctos. Fingunt enim Christum duriorem esse: Sanctos autem placabiliores, et ideo magis nituntur misericordia Sanctorum, quam misericordia Christi, et fugientes Christum, quaerunt Sanctos. Et vel hoc pacto faciunt ex eis Mediatores Redemtionis.

LOCUS VICESIMUS SEXTUS
DE VOTIS MONASTICIS ET CONSILIIS EVANGELICIS

* *1. Quia disputatio de votis Monasticis, involvit Quaestionem de Monasteriis: Quis obsecro olim Monasteriorum fuit usus?*

Monasteria tempore Augustini libera erant collegia, sive scholae sacrarum literarum, et aliarum disciplinarum, quae sunt utiles Ecclesiae, et sumebantur inde Pastores et Episcopi.

* *2. Quid vero hodie sunt Monasteria Monachorum et Monialium?*

Hodie libertatem vitae Monasticae, Pontifex votorum vinculis adstringens, collegia illa, in meros carceres redegit, fingens institutum esse hoc vitae genus, ad promerendam gratiam, et iustitiam: imo praedicans esse statum perfectionis, longe praeferendum omnibus aliis vitae generibus a DEO ordinatis: quin impudenter asserens, vota Monastica paria esse Baptismo, imo hoc ipso etiam meliora.

* *3. Quaenam sunt vota illa Monastica?*

Etsi tres sunt Monasticorum votorum species: Castitas: Paupertas: Obedientia: tamen primam illam, nempe casti-

---

3ff. Ap. XXI, 15, S. 319. **18ff.** CA XXVII, 2, 15, S. 110, 112; AS: A, III, 1, S. 426. **23ff.** CA XXVII, 16, S. 113; AS: C, XIV, S. 461.

tatem ac continentiam, voti potissimum nomine notare
solent.

* 4. Quid ergo nominabant vota Pontificii?

Votum est ac dicitur Pontificiis, quando homines Mona-
5 stici, abiurato in perpetuum coniugio, adstringunt sese voto
ad coelibatum, ita ut voto hoc semel facto, sub poena aeternae damnationis, coelibatus cum coniugio nunquam mutari
possit.

* 5. Quid quaeso statuis de votis istis Monasticis?

10 Statuo ea esse impia ac irrita. Primum enim Lex divina
iubet, ut non habentes donum continentiae, contrahant matrimonium. 1. Cor. 7, 2. *Propter fornicationem habeat unusquisque uxorem suam.*

Deinde creatio et ordinatio DEI, cogit hos, qui continere
15 nequeunt, ad coniugium, Gen. 2,18. *Non est bonum, hominem
esse solum.* Ergo Lex haec superior ac divina, merito dero-
gare debet inferiori sive humanae: ac proinde non peccant,
qui mandato et ordinationi DEI obtemperant: Neque enim
ullum votum potest tollere mandatum et ordinationem DEI.

20 ** 6. Ergone vota huiusmodi semel nuncupata possunt mutari et rescindi?*

Possunt: Canones enim ipsi docent, in omni voto, Ius
superioris excipi. Ergo multo minus haec vota Monastica,
contra mandata et ordinationem DEI concepta, valere possunt aut debent. Et si mutari illa non possent, neque Romani
25 Pontifices dispensassent. Neque enim licet homini obligatio-
nem, quae simpliciter est iuris divini, rescindere.

** 7. Da aliam rationem, qua vota huiusmodi Monastica rescindi posse
confirmes?*

In omni voto, si modo ratum et immutabile illud esse
30 debeat, consideranda est natura voti, ut fiat in re possibili et
modo debito. Atqui in votis Monasticis nihil tale observatur.
Ergo sunt irrita. Quod vero tale nihil observetur in votis
Monasticis, patet inde: 1. Quod in nullius hominis potestate
est, vovere perpetuam castitatem. 2. Quod paucissimi sponte

10ff. CA XXVII, 19ff., S. 113f.   **21ff.** CA XXVII, 23f., S. 114.
29ff. CA XXVII, 27—29, S. 114f.

et consulto vovent: puellae enim et adolescentes, priusquam
iudicare possunt, persuadentur ad vovendum, interdum
etiam coguntur. Quam ob causam plerique Canones rescin-
dunt vota ante annum decimum quintum aetatis contracta:
imo alius Canon vetat ante annum decimum octavum, votum   5
fieri.

* 8. *Profer tertiam si habes rationem ?*

Omnis cultus DEI, ab hominibus sine mandato DEI in-
stitutus, et electus ad promerendam iustificationem et gratiam, est impius: sicut Christus inquit, Matth. 15, 9. *Frustra*   10
colunt me mandatis hominum: Et Paulus ubique docet, Iustitiam non esse quaerendam ex nostris observationibus et
cultibus, qui sint excogitati ab hominibus: sed contingere
eam per fidem credentibus, se recipi in gratiam a DEO propter
Christum. Constat autem Monachos docuisse, quod fictitiae   15
religiones, et cumprimis vota Monastica satisfaciant pro
peccatis, mereantur gratiam et iustificationem. Sequitur ergo,
vota ista esse impia, ac proinde irrita.

* 9. *Siccine statuis nullum votum posse habere rationem cultus divini ?*

In veteri Testamento votorum ratio secundum certas   20
leges debebat institui, ut non liceret vovere, quod liberet
omnibus: ac proinde non potuit esse statim cultus id, quod
ex voto factum erat. In novo autem Testamento, ubi universa cultus divini ratio, verbo DEI est inclusa: vota pro
cultu DEI haberi nec possunt nec debent. Quicquid enim a   25
DEO non praecipitur, sed humana fit voluntate, illud cultus
DEI esse nequit. Rom. 14, 23. *Quicquid non est ex fide, pecca-*
tum est.

Deinde in Novo Testamento, nullum prorsus extat testimonium, quod DEUS vota, tanquam cultum aliquem appro-   30
bet.

* 10. *Possuntne autem hodieque concipi vota, si opinio meriti, cultus et*
necessitatis illis non affingatur ?

Possunt: et quidem vel ad cautius evitanda peccata, vel
ad expeditius peragenda opera vocationis: vel ad promoven-   35
dos fines alios, Ecclesiae et Reipublicae utiles ac licitos: ut si

---

8ff. CA XXVII, 36ff., S. 115f.   **2off.** Ap. XXVII, 23, S. 384.

quis voveat abstinentiam a vino aut lusu, quod videt inde
et sibi et aliis multum incommoditatis esse attractum etc.

* *11. Possuntne observationes Monasticae referri ad consilia Evangelica?*

Falsum et hoc est, quod observationes Monasticae ut
5 castitas, paupertas spontanea, et obedientia, sint opera con-
siliorum Evangelii. Nam Evangelium non consulit discrimina vestitus, ciborum, abdicationem rerum propriarum.
Hae sunt traditiones humanae, de quibus omnibus dictum
est: *Esca non commendat* Deo: Quare neque cultus iustifi-
10 cantes sunt, neque consilia perfectionis.

* *12. Sed quid de obedientia statuis, quam Christus ipse Matth. 19, 21.*
inter consilia Evangelica referre videtur?

Verba Christi sic sonant: *Si vis perfectus esse, sequere me.*
Verum non quamvis obedientiam, humano consilio et arbi-
15 trio susceptam, sed eam intelligit, quae cujusque vocationem
respicit.

* *13. Quomodo hoc intelligendum est?*

Ita hoc intelligi debet, quod quemadmodum vocationes
dissimiles sunt: Ita haec vocatio, de qua Christus ibi loquitur,
20 non est omnium, sed proprie ad illam personam, cum qua
ibi agit, pertinet: sicut vocatio Davidis ad regnum, Abrahami ad mactandum filium nobis non sunt imitandae.

* *14. Qui sic vero?*

Quia inter vocationes et obedientiam accurate est distin-
25 guendum. Nam vocationes sunt personales, sicut negotia ipsa
variant temporibus et personis: sed exemplum obedientiae
est generale. Proinde perfectio erat futura iuveni illi, cum
quo loquitur Christus, si huic vocationi credidisset et obedi-
visset. Ita perfectio nobis est, obedire unumquemque vera
30 fide suae vocationi.

4ff. Ap. XXVII, 26, S. 386.   **10** I. Kor. 8, 8.   **13ff.** Ap.
XXVII, 48, S. 391; Mt. 19, 21.

LOCUS VICESIMUS SEPTIMUS
DE MAGISTRATU ET REBUS CIVILIBUS

1. Quid est Magistratus politicus?

Magistratus politicus est persona a DEO ordinata, ad conservationem legis in externa disciplina, et quidem utriusque   5
tabulae Decalogi, et ad pacis defensionem: habens potestatem puniendi vi corporali.

2. Quae sunt praecipua officia Magistratus politici?

Quatuor: Primum, Curam agere utriusque tabulae Decalogi, quod ad externam disciplinam attinet: Alterum: Ferre   10
leges de negotiis civilibus et oeconomicis, iuri divino et naturali consentaneas: Tertium, sedulo providere, ut leges pro-
mulgatae veniant in executionem: Quartum: delinquentibus
pro qualitete delicti poenas irrogare: obedientes favore et
praemiis afficere.   15

3. Licetne gerere Magistratum politicum, et alia civilia munera sustinere?

Sic docent nostrae Ecclesiae, quod legitimae ordinationes
civiles, sint bona opera DEI, quod Christianis liceat gerere
Magistratus, exercere iudicia, iudicare res ex Imperatoriis et
aliis praescriptis legibus, supplicia iure constituere, iure bel-   20
lare, militare, leges contrahere, tenere proprium, iusiurandum
postulantibus Magistratibus dare, ducere uxorem, nubere
etc.

4. Ergone Evangelium non abolet politias?

Non abolet: Evangelium enim agit de regno Christi, quod   25
est spirituale, hoc est, inchoat in corde notitiam DEI, timorem DEI, fidem, iustitiam, et vitam aeternam: Interim foris
sinit nos uti politicis ordinationibus legitimis, quarumcunque
gentium, inter quas vivimus, sicut sinit nos uti medicina,
Architectonica, aut cibo, potu, aere.   30

Deinde Evangelium non fert novas leges de statu civili,
sed praecipit, ut praesentibus legibus obtemperemus, sive
ab Ethnicis, sive ab aliis conditae sint: et hac obedientia
charitatem iubet exercere.

4ff. Melanchthon, Examen Ordinand. CR XXIII, 85.   **17ff.** CA
XVI, 1f., S. 70.   **25ff.** Ap. XVI, 54f., S. 308.

† 5. *Confirma ex Scripturis sacris usum rerum civilium licitum esse?*

Ordinem Magistratus politici confirmat initio mandatum
DEI, Deut. 16, 19. *Iudices et magistratus constitues in omnibus portis tuis, ut iudicent populum iusto iudicio.*

5   Obedientiam vero Magistratui debitam confirmat Apostolus Rom. 13, 1 et 2. *Omnis anima potestati Magistratus sit
subdita. Quisquis enim Magistratui resistit, resistit ordinationi divinae etc.*

† 6. *Num licet exercere iudicia?*

10   Exercere iudicia, licitum esse vel ipsius Christi, Joh. 18,
23 et Pauli iure se tuentis, Act. 23, 5. et ad ius Romanum
Act. 12, 25. imo Caesarem ipsum provocantis Act. 25, 11.
exemplo, plus satis liquet.

† 7. *Fasne est suppliciis afficere delinquentes?*

15   Supplicia exercere in improbos, sive sontes licitum esse,
patet rursum ex autoritate Apostoli, Rom. 13, 4. *Si malum
feceris, time: Non enim sine causa Magistratus gladium gerit:
DEI enim minister est, vindex in iram ei, qui malum agit.*

† 8. *Licetne bellum gerere?*

20   Licet: Nam DEUS ipse per Mosen Belli gerendi formam
praescripsit, Deut. 20, 1. Et passim in sacris obvia sunt
exempla bellatorum, quos DEO acceptos fuisse constat: ut
Abrahami Gen. 14. Mosis, Davidis etc. Et confirmat hunc
ordinem militarem Johannes Baptista, hanc saltem legem
25 militibus praescribens, ut suo stipendio vivant contenti.

† 9. *Sed num contractus etiam civiles approbat Scriptura?*

Contractus Scriptura approbat, si fiant secundum leges:
1. Thess. 4, 6. *Ne quis circumveniat fratrem in negotio, quoniam vindex est Dominus de his omnibus.*

30   † 10. *Licetne proprias possidere facultates?*

Proprietatem bonorum, Evangelium non tollit, et divitibus
huius seculi non mandat abiectionem bonorum, sed fiduciam

2ff. KK, Haustafel, 4, S. 524f., S. 180, Z. 25: 1622 Luc. 3, 14.
25ff. Ap. XVI, 53f., S. 307f.

in opes duntaxat interdicit Apostolus 1. Timoth. 6, 17. Sic
Salomon Prov. 5, 15. *Bibe*, inquit, *de fontibus TUIS: Rivuli
autem TUI deriventur foras in plateis: Tu vero SOLUS DOMINUS
eorum manebis, nec peregrinus tecum.* Quod ipsum etiam in-
nuit praeceptum Decalogi septimum, *Non furaberis.*

† *11. Licetne iurare Christianis?*

Iuramenti usum esse licitum Christianis, vel inde patet,
quod DEUS ipse praedixit, hanc fore notam civium regni
Christi, quod in nomine veri DEI iuraturi sint. Esa. 65, 15.
Ierem. 4, 2. et cap. 12, 16; imo quod DEUS ipse praecepit:
*Dominum DEUM tuum timebis, et illi servies, et in nomine
eius iurabis.* Deut. 6, 13.

† *12. Idemne probare potes de matrimonio?*

Possum: Nam Matrimonium in sacris non modo tanquam
utile et laudabile commendari, sed et tanquam necessarium
praecipi constat. Gen. 2, 24. Psal. 128. Matth. 19, 4. Hebr. 13, 4.

* *13. Annon vero usus rerum istarum civilium pugnat cum perfectione
Christiana?*

Sic quidem docent Anabaptistae, qui haec civilia officia
simpliciter interdicunt Christianis, propterea quod usus
earum rerum pugnet cum perfectione Christiana. Sed vanis-
simum hoc est. Nam perfectio Christiana sita est, non in con-
temtu civilium ordinationum, sed in motibus cordis, in
magno timore DEI, in magna fide: sicut Abraham, David,
Daniel, etiam in magnis opibus, atque in imperiis, non minus
perfecti erant, quam ulli eremitae.

14. Estne Magistratui in omnibus obtemperandum?

Necessario debent Christiani obedire Magistratibus suis et
legibus: nisi cum iubent peccare, tunc magis obediendum est
DEO, quam hominibus Actor. 5, 29.

† *15. Si Magistratus iudicio semper est acquiescendum, nullus iam locus
amplius relinquetur privatae vindictae?*

Recte: Privata enim vindicta, non consilio, sed praecepto
prohibetur Matth. 5, 44. *Diligite inimicos vestros, benefacite*

4ff. Ap. XVI, 63, S. 309. **7ff.** GK I, 65 f., S. 576 f. **19ff.** Ap.
XVI, 61, S. 309; CA XVI, 3, S. 71. **28ff.** CA XVI, 6 f., S. 71; GK I, 150,
S. 598 f. **33ff.** Ap. XVI, 59, S. 309.

his, qui oderunt vos: et orate pro persequentibus et calumnian-
tibus vos. Rom. 12, 17 et 19. *Nulli malum pro malo reddentes:*
nec vosmetipsos defendentes: sed date locum irae: Scriptum
est enim; Mihi vindicta: ego retribuam, dicit Dominus.

5   Publica vero vindicta, quae fit ex officio Magistratus, non
dissuadetur, sed praecipitur: et est opus DEI, Rom. 13, 2.
Huius species sunt: Iudicia, supplicia, bella, militia etc.

LOCUS VICESIMUS OCTAVUS
DE MATRIMONIO ET CONIUGIO
10   ## SACERDOTUM

1. Quid est Coniugium?

Coniugium est legitima et indissolubilis copulatio unius
maris et unius fœminae, instituta divinitus ad omnis vitae
consortium, et propagationem generis humani.

15   ### *2. Quis est autor Coniugii?*

DEUS ipse: Gen. 2, 18. *Dixit Dominus DEUS, non est bonum,*
Hominem esse solum: faciamus ei adiutorium coram ipso.

† *3. Cur definis Coniugium per unius maris et foeminae coniunctionem?*

Ut sic excludatur et Bigamia et Polygamia: *Quia, qui fecit*
20   *ab initio masculum et fœminam fecit eos et dixit, propter*
hoc dimittet Homo Patrem et Matrem, et adhaerebit uxori suae:
Et erunt DUO in carnem UNAM.

† *4. Cur Coniugium vocas copulationem legitimam?*

Quia personae, quae connubio iungi possunt, certis gradi-
25   bus sunt distinctae: ita ut intra hos coniugium inire non
liceat: uti videre est Levit. 18 et 20.

† *5. Licetne contrahere matrimonium?*

Licet omnibus contrahere matrimonium, qui non sunt
idonei ad coelibatum. Neque enim vota possunt ordinatio-

---

21 Gen. 2, 24.   **28ff.** CA XXVII, 18ff., S. 113f.

nem aut mandatum Dei tollere. Est autem hoc mandatum Dei: *Propter fornicationem habeat unusquisque uxorem suam.* 1. Cor. 7, 2. Neque mandatum solum, sed etiam creatio et ordinatio cogit hos ad coniugium, qui sine singulari Dei opere non sunt excepti, iuxta illud: *Non est bonum homini, esse solum.*

† *6. Annon vero coniugium sua natura est immundum ?*

Non certe: siquidem est ordinatio Dei. Et quanquam saepius fit immundum ex accidenti, nempe propter immundiciem ipsorum hominum: tamen in credentibus mundum est coniugium, quia est sanctificatum verbo Dei. Et Christus ipse vocat coniugium coniunctionem divinam, cum ait: *Quos Deus coniunxit, homo ne separet.* Mat. 19, 6. Et Paulus de coniugio, de cibis et similibus rebus inquit: *Sanctificantur per verbum et orationem.* 1. Timoth. 4, 5. Et in 1. Corinth. 7, ver. 14. *Sanctificatur vir infidelis per uxorem fidelem.* Et ad Titum 1, 15. *Omnia munda mundis, hoc est, his qui credunt in Christum, et fide iusti sunt.* Itaque ut virginitas in impiis est immunda, ita coniugium in piis est mundum, propter verbum Dei, et fidem.

† *7. Siccine etiam Sacerdotibus licebit contrahere matrimonium ?*

Maxime licet: Nam ad hos aeque ac ad alios spectat illud Apostoli 1. Cor. 7, 2. *Unusquisque habeat uxorem suam propter fornicationem.* Et versu 9. *Melius est nubere, quam uri.* Et illud Christi, Matth. 19, 11. *Non omnes capiunt verbum hoc:* ubi docet non omnes homines ad coelibatum idoneos esse, quia Deus creavit hominem ad procreationem. Gen. 1, 28. *Crescite et multiplicamini, et replete terram.*

* *8. Anne plures habes rationes, quibus affirmatum hoc tuum demonstrare queas ?*

Habeo maxime. Lex enim Pontificia de coelibatu sacerdotum pugnat cum jure divino et naturali. Cum divino quidem, quia Moses in Genesi docet, Homines conditos esse, ut sint fœcundi, et sexus recta ratione sexum appetat: Gen. 1,

---

5 Gen. 2, 18. **8ff.** Ap. XXIII, 28f., S. 339; 1622: ipsorum hominum impiorum. **22ff.** CA XXIII, 5ff., S. 87. **31ff.** Ap. XXIII, 7, 9, S. 335.

28. Cum Naturali vero, Quia haec ordinatio sive creatio in homine est ius naturale. Unde recte Iuris consulti dixerunt, coniunctionem maris et fœminae esse iuris Naturalis. Cum autem ius Naturale sit immutabile, necesse est, semper ma-
5 nere Ius contrahendi coniugii. Nam ubi Natura non mutatur, necesse est, illam ordinationem manere, quam Deus indidit naturae, nec potest legibus humanis tolli.

* 9. Suppetitne tibi aliud adhuc argumentum?

Suppetit illud, quod Paulus ait: *Propter fornicationem*
10 *unusquisque habeat uxorem suam.* I. Cor. 7, 2. Hoc sane expressum mandatum est, ad omnes pertinens, qui non sunt idonei ad coelibatum: ac proinde obligat etiam omnes, qui non habent donum continentiae.

* 10. Sed possent fortassis Sacerdotes hoc sibi donum acquirere?

15 Pontificii quidem iubent petere a Deo continentiam, iubent corpus laboribus et inedia conficere: sed ludunt tantum, nihil agunt serio. Si enim continentia esset possibilis, non requireret peculiare donum. At Christus ostendit, eam peculiari dono opus habere Matth. 19, 11. Ergo non contingit
20 omnibus: sed reliquos vult Deus uti communi lege Naturae, quam instituit. Non enim vult Deus contemni suas ordinationes, suas creaturas. Et testatur Gerson multos fuisse bonos viros, qui conati domare corpus, tamen parum profecerint.

25 #### * 11. Annon vero Christus ipse laudat hos, qui se castrant propter regnum coelorum?

Laudat quidem: sed simul addit: *Non omnes capiunt verbum hoc:* id est, non omnes habent donum continentiae. Et statim subiicit *Qui potest capere, capiat:* sic haud obscure in-
30 nuens, magis sibi placere coniugium legitimum, quam immundam continentiam, qualis plerunque esse solet sacerdotum in Papatu.

9ff. Ap. XXIII, 14, S. 336.   15ff. Ap. XXIII, 18f., S. 337.
27ff. Ap. XXIII, 21, S. 337; Mt. 19, 12.

* *12. Num forte aliae adhuc succurrunt rationes, quibus Legem Pontificiam de coelibatu Sacerdotum infringere possis ?*

Succurrunt istae: Quod Lex haec superstitiosa est, dum fingit coelibatum magis promereri iustificationem et salutem aeternam quam coniugium. 5

Deinde cum periculo animarum, et cum publico scandalo est coniuncta: dum innumera vitia et flagitiosas libidines parit.

Tandem tota est simulata. Haec enim Lex a Pontificibus Romanis est promulgata, non religionis, sed dominationis 10 causa: cui impie praetexitur Religio.

LOCUS VICESIMUS NONUS
DE MORTE CORPORIS ET IMMORTALITATE ANIMAE

1. Quid est Mors corporis ? 15

Mors corporis nihil est aliud, quam dissolutio Unionis Naturalis, qua corpus ab anima separatur.

2. Quae est causa mortis ?

Causa primaria est peccatum Gen. 2, 17. *Quocunque die comederis de ligno scientiae Boni et mali, morte morieris.* 20

Rom. 6, 23. *Stipendium peccati, Mors.*

Rom. 5, 12. *Per unum Hominem peccatum in Mundum intravit, et per peccatum Mors.*

3. Quinam morti sunt obnoxii ?

Omnes omnino homines secundum naturam propagati, et 25 peccato inquinati.

Rom. 5, 12. *Mors in omnes homines pertransiit: quandoquidem omnes peccaverunt.*

Hebr. 9, 27. *Statutum est hominibus semel mori, post hoc autem iudicium.* 30

3ff. Ap. XXIII, 36ff., S. 340f.; Ap. XXIII, 46ff., S. 342f. **16ff.** J. Heerbrand, Compendium Theologiae, Tübingen 1573, Locus De Morte, S. 484. **19ff.** ibd. S. 481. **25ff.** ibd. S. 482.

† *4. Anne ergo nemo prorsus ab hac lege mortis excipitur?*

Imo vero: Nam primum excipiuntur ab hac regula Henoch
et Helias, qui vivi in coelum sunt translati, Gen. 5, 24. 2. Reg.
2, 11.

5 Deinde illi, quos dies novissimus vivos deprehendet. Hi
enim non morientur, sed quatenus per medias ardentes huius
universi flammas, rapientur in occursum Domino, immutabuntur, et sentient aliquod morti ἀνάλογον: 1. Cor. 15, v.
51. *Non omnes quidem dormiemus: omnes autem immuta-*
10 *bimur, in momento, in citu oculi, in novissima tuba.*

† *5. Cum mors malorum omnium sit terribilissimum; quod quaeso*
solatium ipsius terroribus pii opponere possunt?

Pii sive credentes in Christum, sciunt, Mortem sibi non
esse Mortem: sed ianuam sive transitum ad vitam.
15 Ioh. 5, 24. *Amen, Amen dico vobis: Qui verbum meum*
audit, et credit ei, qui misit me, habet vitam aeternam: et in
iudicium non venit, sed transit a morte in vitam.

* *6. Anne animae una cum corporibus extinguuntur?*

Non extinguuntur: sed sunt Spiritus immortalis, qui post-
20 quam ex hoc mortali corpore discesserit, vere manet super-
stes.
Eccles. 12, 7. *Revertatur pulvis in terram, unde erat et*
Spiritus redeat ad Deum, qui dedit illum.
Sap. 3, 1. *Animae iustorum in manu Dei sunt, et non*
25 *tangit illas tormentum.*
Matth. 10, 28. *Nolite timere eos, qui occidunt corpus: Ani-*
mam autem non possunt occidere: sed potius timete eum, qui
potest et Animam et corpus perdere in Gehenna.
Matth. 22, v. 32. *Deus est Deus Abraham, Deus Isaac,*
30 *Deus Iacob: Non est autem Deus mortuorum, sed viventium.*

* *7. Quis vero est status Animarum, postquam per Mortem a corpore*
sunt solutae?

Piorum sive in Christum credentium Animae sunt in manu
Dei, expectantes ibi gloriosam corporis resurrectionem, et
35 plenam aeternae beatitudinis fruitionem.

2ff. ibd. S. 482 f.; Aeg. Hunnius, Opera T. I, 713 B.   **13ff.** Heerbrand, S. 484. **19ff.** Heerbrand, Locus De Statu Animarum, S. 492 f.
33ff. ibd. S. 494 f.

Sap. 3, 1. *Iustorum animae sunt in manu Dei, et non tanget illas tormentum.*

Luc. 16, 22 et 25. *Anima Lazari portatur in sinum Abrahae, et solatio ibi fruitur.*

Impiorum autem sive Incredulorum Animae sunt in loco tormentorum, expectantes ibi cum terrore et cruciatu ignominiosam corporis Resurrectionem, et perfectum aeternae damnationis sensum.

Luc. 16, 22. *Mortuus est et dives, et in inferno et in tormentis est, et cruciatur.* Et versu 28. *est in loco tormentorum.*

† *8. Cur vero corpora iam mortua, terrae mandantur et sepeliuntur?*

Quia hic ritus et consuetudo videtur proxime convenire ad Scripturas:

Genes. 3, 19. *Pulvis es, et in pulverem reverteris.*

Eccles. 12, 7. *Revertatur pulvis in terram, unde erat: et Spiritus redeat ad Deum, qui dedit illum.*

Deinde, Quia hunc morem Exempla utriusque testamenti comprobant:

Genes. 23, 19. *Abraham sepelivit Saram uxorem suam in agro, quem emerat ab Ephrone.*

Matth. 27, 60. *Ioseph de Aramathia sepulchrum sibi excindi curavit in horto suo.*

Ecclesiastici 40, 1. *Occupatio magna creata est omnibus hominibus, et jugum grave super filios Adam, a die exitus de ventre matris eorum, usque in diem sepulturae, in (terram) matrem omnium.*

† *9. Licetne lugere Mortuos?*

Licet quidem, sed ita ut modus in luctu observetur.

Ecclesiastici 38, 16. *Fili, de mortuo lachrymas educito: et tanquam res graves passus ordire lamenta, et pro ratione eius, circumtege corpus eius, neque despicias sepulturam eius.*

Idem testantur exempla sacra, Abrahami, deflentis obitum coniugis Sarae: Iosephi et fratrum, lugentium obitum patris Iacobi: Israelitarum lamentantium in morte Aaronis et Mosis: ipsius etiam Christi, lachrymis prosequentis mortem Lazari: Ioh. 11, 35. 1. Thess. 4, 13. *Nolumus vos ignorare, Fratres, de dormientibus, ut non contristemini, sicut et caeteri, qui spem non habent.*

12ff. Heerbrand, Locus De Sepultura, S. 490f.   **15** Pred. Sal. 12, 7.
23 Jesus Sirach 40, 1.   **28ff.** Heerbrand, Locus De Morte, S. 485f.
29 Jes. Sir. 38, 16.

LOCUS TRICESIMUS
DE FINE SECULI SIVE MUNDI

1. Estne Mundus iste suum habiturus Finem?

Maxime: Psal. 102, 26. *Initio terram fundasti: et opera*
manuum tuarum sunt coeli: Ipsi peribunt; tu autem permanes:
et omnes, sicut vestimentum veterascent: et sicut indumentum
mutabis eos, et mutabuntur.

Iesa. 51, 6. *Coeli sicut fumus dissolventur, et Terra sicut*
vestimentum putrescet.

Luc. 21, 33. *Coelum et Terra transibunt: verba autem mea*
non transibunt. 2. Pet. 3, 10. *Coeli transibunt.*

† *2. Quando futura est Mundi consummatio?*

Discretam temporis notitiam, nullus vel hominum vel
Angelorum definire potest. *De die enim illo, deque hora illa,*
nemo scit, neque Angeli in coelo, neque Filius (ex proprietate
videlicet humanae naturae consideratus), *sed solus pater.*
Marc. 13, ver. 31 et 32.

Act. 1, 7. *Non est vestrum scire tempora et momenta, quae*
DEUS in sua potestate posita esse voluit.

Sed secundum confusam notitiam, haud incerti esse possumus, instare finem mundi: idque ex signis illis, quae Christus et Apostoli consummationem seculi praecessura, annun-
ciarunt: Matth. 24, 29 et 38. Luc. 17, 28 et cap. 21, 25. 2.
Thess. 2, 3. 2. Tim. 3, 2 et 3.

* *3. Quomodo Mundus iste interibit?*

Finem mundi per ignum futurum, testis est Apostolus
2. Thess. 1, 8. Et Petrus in posteriore sua cap. 3, 7. inquit:
Coeli, qui nunc sunt, et terra DEI verbo repositi sunt Igni
reservati: Et versu. 10: *Coeli magno fragore transibunt: Ele-*
menta vero calore solventur, Terraque, et quae in ipsa sunt,
opera exurentur. Et versu 12. *Coeli ardentes solventur, et Ele-*
menta Ignis ardore liquescent.

4ff. CA XVII, S. 72; Ap. XVII, S. 310.

* *4. Num conflagratio isthaec Mundi patietur aliquam temporis moram ?*

Minime: sed subito totus Mundus conflagrabit; Matth. 24, 27. *Sicut Fulgur exit ab oriente et apparet usque in occasum: ita erit et Adventus Filii Hominis.*

1. Thess. 5, 2. 2. Petr. 3. 10. *Adveniet dies Domini, sicut* 5 *Fur in nocte:* Et Luc. 21, 35. *tanquam laqueus superveniet in omnes, qui vivunt in terra.*

LOCUS TRICESIMUS PRIMUS
DE RESURRECTIONE MORTUORUM

1. Anne omnes Homines resurgent ex Morte?   10

Omnes quidem, qui mortui sunt: sed quos dies novissimus adhuc viventes deprehendet, illi immutabuntur.

Iob. 19, 25. *Scio quod Redemtor meus vivit: Et in novissimo die de terra resurrecturus sum: circumdabor pelle mea, et in carne mea videbo DEUM.*   15

Iezech. 37, 12. *Ecce ego, dicit DOMINUS, aperiam tumulos vestros, et educam vos de sepulchris vestris.*

Daniel 12, 2. *Multi de his, qui dormiunt in pulvere terrae, evigilabunt.*

Ioh. 5, 28. *Venit hora, in qua omnes, qui in monumentis* 20 *sunt, audient vocem Filii Hominis, et prodibunt.*

1. Cor. 15, 51. *Ecce Mysterium vobis dico. Non omnes quidem obdormiemus: omnes autem immutabimur in momento, in ictu oculi, in novissima tuba: Et mortui resurgent incorrupti et nos immutabimur.*   25

† *2. Quodnam est fundamentum Resurrectionis, in quo Fides nostra indubitato possit acquiescere ?*

Fundamentum est CHRISTUS, qui factus primitiae dormientium 1. Cor. 15, 20. *principium et primogenitus ex mortuis,* Col. 1, 18. Apoc. 1, 5. imo *Resurrectio* atque *vita ipsa* 30 Ioh. 11, ver. 25.

Unde Apostolus sic colligit, 1. Cor. 15, 16. *Si mortui non resurgunt, neque Christus resurrexit.*

11ff. (CA XVII, S. 72; Ap. XVII, S. 310) ibd.

† *3. Num Resurrectio mortuorum, et Immutatio viventium simul et promiscue futura sunt ?*

In ictu quidem oculi totius mundi fiet consummatio: sed in hac ipsa ordo ille observabitur, quem definivit Paulus, quod nimirum *sub adventum Christi Iudicis initio ex sepulchris prodibunt mortui: deinde vero, qui in vivis superstites reperientur, uno momento cum resuscitatis istis rapientur in nubibus in occursum Domini.* I. *Thess.* 4, 15.

4. Qualia erunt corpora resuscitatorum ?

Id explicat idem Apostolus I. Cor. 15, 42. *Seminatur,* inquiens, *in corruptione, surget in incorruptione: seminatur in ignobilitate, surget in gloria: seminatur in infirmitate, surget in virtute: seminatur corpus animale, surget corpus spirituale.* Erunt proinde corpora resuscitatorum: 1. Incorruptibilia, 2. Clarificata, 3. Potentia, 4. Spiritualia.

5. Num impii quoque tales habebunt corporum suorum Qualitates ?

Solam incorruptibilitatem habebunt impii, sed omni gloria, potentia aut spirituali dignitate prorsus destituti: interim perpetua ignominia et foeditate et Deo et Angelis, et Electis omnibus abominabiles.

† *6. Siccine ergo inaequali sorte resurgent homines ?*

Utique: Pii enim ad vitam et gloriam: Impii ad damnationem et ignominiam.

Daniel 12, 2. *Multi de his, qui dormiunt in pulvere terrae, evigilabunt: alii ad vitam aeternam: alii in opprobrium et ignominiam sempiternam. Qui autem docti fuerint, fulgebunt quasi splendor Firmamenti: et qui ad iustitiam erudiunt multos, quasi stellae in perpetuas aeternitates.*

Ioh. 5, 28. *Omnes, qui in monumentis sunt, audient vocem Filii Hominis, et prodibunt, qui bona egerunt, ad Resurrectionem vitae: qui vero mala egerunt, in Resurrectionem Iudicii.*

LOCUS TRICESIMUS SECUNDUS
DE EXTREMO IUDICIO ET ADVENTU CHRISTI AD IUDICANDUM VIVOS ET MORTUOS

1. Estne futurum aliquod extremum Iudicium?

Maxime: CHRISTUS enim apparebit in consummatione Mundi ad iudicandum, et mortuos omnes resuscitabit: piis et electis dabit vitam aeternam: impios autem homines ac Diabolos condemnabit, ut sine fine crucientur.

2. Velim ex Scripturis id confirmes?

Psal. 9, 9. *Dominus paravit ad iudicium thronum suum, et ipse iudicabit populos in aequitate.*

Esa. 66, 15. *Ecce Dominus in igne veniet, et quasi turbo quadrigae eius, reddere in indignatione furoris sui, et increpationem suam in flamma ignis: Quia in igne Dominus iudicabit, et in gladio suo omnem carnem.*

Ioh. 5, 27. *Pater dedit Filio potestatem iudicii faciendi, quia Filius Hominis est.*

Act. 17, 31. *Deus statuit diem, in quo iudicaturus est orbem in iustitia per virum, per quem decreverat.*

2. Thess. 1, 6. *Iustum est apud DEUM vicissim rependere eis, qui vos affligunt, afflictionem: vobis autem, qui affligimini, relaxationem nobiscum, cum apparebit Dominus Iesus de coelo cum angelis potentiae suae.*

3. Quinam sunt sistendi coram hoc iudicio?

Omnes omnino homines, pii et impii, quotquot unquam vixerunt, vivunt et victuri sunt.

† *4. Quis erit processus, vel quae forma huius iudicii?*

Cum Iudex futurus sit CHRISTUS, cordium scrutator, certe non opus fuerit tali processu, qui in iudiciis huius mundi observari solet: sed Iudex iste, omnes cogitationes, dicta et facta hominum iudicabit, et sententiam de singulis pronunciatam, mox dabit executioni, non impeditae. Quemadmodum processus iste ab ipso Christo describitur, Matth. 25, 32 et seqq.

5ff. ibd.

5. Secundum quam normam iudicabitur?

Norma iudicii huius erit isthaec: *Qui crediderit, salvabitur: Qui non crediderit, condemnabitur.* Ioh. 3, 18. Sic Christus ipse Ioh. 12, v. 48: *Qui spernit me, et non accipit verba mea, habet,*
5 *qui iudicet eum; Sermo, quem locutus sum, ille iudicabit eum in novissimo die.* Sic Paulus Rom. 2, 16. *Iudicabit DEUS occulta hominum, secundum Evangelium meum, per Iesum Christum.*

† 6. Quae tandem et qualis erit sententia definitiva?

10 Illam prodidit ipse Christus Matth. 25, 34 et 41. Piis enim et electis dicetur: *Venite benedicti patris mei, possidete regnum, paratum vobis a constitutione mundi.* Impiis vero dicetur: *Discedite a me maledicti in ignem aeternum, qui paratus est Diabolo et angelis eius.*
15 *Et tunc exibunt Angeli, et mittent malos in caminum ignis, ubi erit fletus et stridor dentium.* Matth. 13, 49 et 50.

* 7. Quomodo vero veniet Christus ad hoc iudicium?

Id Servator noster Christus ipse explicat, affirmans, se venturum cum potentia et gloria magna, in nubibus, ea
20 nimirum gloria, qua Humana ipsius natura, ex Unione cum divina, et sessione ad dexteram DEI patris, donata est. Matth. 24, 30. et cap. 25, 31. Deinde accedet κέλευσμα illud, et vox Archangeli, et tuba DEI in supernis: et Angelorum omnium myriades, cum tuba et voce magna, Matth. 24, 31. et
25 cap. 25, 31. 1. Cor. 15, 52. 1. Thes. 4, v. 16.

* 8. Videtur repugnare illud, quod Zacharias affirmat, impios tum visuros, in quem pupugerint? Zach. 12, 10.

Non hoc vult Propheta, quod tum servilis iterum sit futura forma carnis Christi: sed quod per οἰκονομίαν sive
30 dispensationem quandam, impiis monstraturus sit cicatrices vulnerum, et vestigia clavorum: et hoc pacto extreme illos territurus.

* 9. Videbuntne Impii Divinitatem CHRISTI?

Non: *Gloriam enim DEI non videbit impius:* Esa. 26, 10
35 sed humanam tamen eius naturam, divina gloria coruscan-

tem videbunt. Qua de re eleganter D. Augustinus, lib. 1. de
Trin. cap. 16: *Cum in forma servi glorificata iudicantem vide-*
rint boni et mali: tolletur impius, ut non videat claritatem DEI,
de qua DEUS est, quam soli mundo corde videbunt, quod eis
erit vita aeterna.

LOCUS TRICESIMUS TERTIUS
DE INFERNO

1. Estne Infernus?

Est: Deut. 32, 22. *Ignis succensus est in furore meo, et*
ardebit usque ad Inferni novissima.
Matth. 5, 22. *Qui dixerit fratri suo, Fatue, reus erit Ignis*
Gehennae.

2. Ubi est Infernus?

Cum Scriptura sacra nuspiam hoc tradiderit: neque
nostrum fuerit, curiosius illud inquirere: sed opera potius
danda, ut vera fide et pietate, cruciatus infernales a nobis
avertamus.

† *3. Quinam et quales futuri sunt cruciatus isti?*

Neque istud vel mens nostra satis comprehendere, vel
lingua effari potest. Sacra scriptura ad captum nostrum se
accommodans variis vocabulis ac phrasibus, desumtis a
poenis huius vitae, aliquo modo adumbrare voluit: ut quando
nominat confusionem, ignominiam, opprobrium sempiter-
num, fletum, stridorem dentium, densissimas tenebras, ver-
mem nunquam intermoriturum, stagnum ignis: et per id
genus vocabula alia, maximos et exquisitissimos illos cruciatus ob oculos ponit. Esa. 66, 24. Matth. 8, 12. Apoc. 19,
ver. 20.

4. Eruntne cruciatus isti aeterni?

Utique: Sic enim eos definit Scriptura. Ies. 66, 24. *Vermis*
eorum non morietur, et ignis eorum non extinguetur.

1ff. Zus.fsg. cap. XIII, MSL 42, 840—44.

Matth. 3, 12. *Paleas comburet Igne inextinguibili.*
Matth. 25, 41. *Discedite a me maledicti in Ignem aeternum.*
Apoc. 9, 6. *Quaerent* (damnati) *mortem, et non invenient eam, et desiderabunt mori, et fugiet mors ab eis.*

5 † Facessat proinde Anabaptistarum furor, qui sentiunt, hominibus damnatis ac Diabolis finem poenarum futurum esse.

† 5. *Annon vero Ignis ille corrumpet, et tandem in nihilum rediget corpora damnatorum ?*

Non: Siquidem Impii aeque ac pii post resurrectionem
10 habebunt corpora incorruptibilia: Quod uti piis cedet in magnam gloriam: ita impiis cedet in gravius dedecus et opprobrium, imo in poenae exasperationem: quippe qui in perpetua corruptione constituti, corrumpi tamen nunquam poterunt. Adde, quod Ignis iste Infernalis non futurus est
15 Elementaris: ac proinde neque corruptionis Physicae vim obtinere poterit: praesertim cum corpora etiam damnatorum non futura sint Physica.

† 6. *Eruntne in Inferno gradus cruciatuum sive suppliciorum ?*

Erunt maxime, secundum gradus ipsorum peccatorum:
20 ita ut quo quis sceleratius vixit, eo saeviores etiam cruciatus sit persensurus. Affirmat hoc Christus ipse, Matth. 11, v. 21. asserens, *tolerabilius futurum Tyro et Sidoni in die Iudicii, quam Corazin et Bethsaidae.*

Luc. 12, 47. *Servus sciens voluntatem Domini, et non faciens
25 eam, duplo vapulabit.*

* 7. *Suntne distinctae classes in Inferno, uti Pontificii volunt ?*

Pontificii infernum in quatuor quasi cellas distinguunt: quarum infima sit damnatorum: supra hanc sit Limbus infantum non baptizatorum, quibus neque bene neque male
30 sit: supra hunc vero sit purgatorium, eorum videlicet, qui adhuc pro peccatis quibusdam satisfacere necesse habent: suprema tandem classis sive cella sit Limbus Sanctorum Patrum, in quo illi detenti fuerint usque ad Adventum Christi: cuius etiam destruendi gratia Christus in infernum
35 descenderit.

5ff. CA XVII, 4, S. 72.   27ff. Albertus Magnus Compend. theol. veritatis lib. 4, cap. 22 (Ausgabe Venedig 1476, Göttinger Univ. Bibliothek 8° Patr. Lat. 1762/77 Incunab. Ohne Seitenzählung).

8. Num veri aliquid subesse putas ?

Nihil minus, quin pro meris nugis et anilibus fabulis habeo, quaecunque de distinctis istis classibus Romanenses garriunt: idque certis de causis:

1. enim Scriptura duos tantum novit Animarum a corporibus separatarum status: Unum vitae aeternae: condemnationis sive Inferni alterum: Marc. 16, 16. *Qui crediderit, salvabitur: Qui non crediderit, condemnabitur.* Tertium locum, qui sit purgatorii, penitus ignorat.

Deinde duo tantum sunt hominum genera: Unum piorum ac fidelium: Alterum impiorum et infidelium. Illis Christus Servator non ullum purgatorium, sed vitam aeternam: His itidem nullum purgatorium sed gehennam ignis, sive infernum praecise, et immutabiliter adsignat.

Ioh. 5, 24. *Qui sermonem meum audit et credit ei, qui misit me, habet vitam aeternam, et in iudicium non venit, sed transivit ex morte in vitam.*

Ioh. 3, 18. *Qui non credit, iam condemnatus est.*

9. Videtur tertium posse dari genus hominum, eorum videlicet, qui infirma fide hac in vita fuerunt praediti ?

Minime vero: sed et isti ad prius illud genus hominum, quod piorum ac fidelium esse diximus, pertinent. Nam et infirma fides, vera fides est, et non minus apprehendit Christi meritum, quam firma fides. Siquidem haec non iustificat, quatenus ex sua qualitate, sive firmitate aut infirmitate pensitatur: sed unice, quatenus apprehendit Christum, Medicum illum infirmorum: Matth. 9, 12. *qui arundinem quassatam non conterit, neque linum fumigans extinguit.* Esaiae 42, 3. *sed virtutem suam in infirmitate nostra perficit.* 2. Cor. 12, 9. Exemplo potest esse Latro in cruce. Luc. 23, 42. et 43.

† *10. Descenditne Christus vere ac realiter ad Infernum sive locum damnatorum ?*

Maxime: et quidem ideo, ut Satanam devinceret, potestatem inferorum everteret, Diabolo omnem vim et potestatem in credentes eriperet: hoc est, interprete Apostolo, ut triumphum ageret de potestatibus ac principatibus infernalibus. Col. 2, 15. Oseae 13, 14. 1. Cor. 15, 54. Eph. 4, 9.

33ff. Ep. IX, 4, S. 813; SD IX, 2, S. 1053.

LOCUS TRICESIMUS QUARTUS
DE VITA AETERNA

1. Estne vita Aeterna?

Est, attestantibus Scripturis: Daniel 12, 2. *Multi de his,*
5 *qui dormiunt in pulvere terrae evigilabunt, alii ad vitam aeter-*
nam, alii ad opprobrium.

Matth. 25, 46. *Iusti ibunt in vitam aeternam.*

Ioh. 10, 27. *Ego vitam aeternam do ovibus meis.*

2. Quid est vita aeterna?

10 Cum *oculus non viderit, neque auris audierit, neque in cor*
Hominis ascenderit, quae praeparavit Deus *diligentibus se,*
1. Cor. 2, 9. utique nemo mortalium verbis satis digne ex-
plicare poterit, quid sit vita aeterna. Sufficit nos credere, quod
vita aeterna futura sit ineffabilis Beatitudo, qua fideles suos
15 Deus aeternum beabit et glorificabit, ut in ipso, cum omnibus
Angelis aeternum vivant, et de Mundi huius miseriis trium-
phantes Deum sine fastidio ament, sine satietate colant, sine
fine intueantur. Qua de re David Psal. 16, 11. *Notas mihi*
fecisti vias vitae: adimplebis me laetitia vultus tui: delectationes
20 *ad dexteram tuam in seculum seculi.*

† *3. Ergone statuis Beatos visuros* Deum *sicuti est?*

Maxime: Haec enim praecipua pars erit beatitudinis
nostrae, quod a facie ad faciem videbimus Deum, et tam
Essentiam, quam voluntatem ipsius, non modo perfecte cog-
25 noscemus, sed et summo cum desiderio, ac voluptate exe-
quemur.

1. Cor. 13, 12. *Videmus nunc per speculum in Aenigmate:*
tunc autem a facie ad faciem.

1. Ioh. 3, 2. *Filioli, nunc Filii* Dei *sumus: sed nondum*
30 *apparuit, quid erimus. Scimus autem, quod cum apparuerit,*
similes ei erimus: quoniam videbimus eum, sicuti est.

† *4. Cognoscentne se mutuo homines in vita aeterna?*

Maxime: sicut enim in vita aeterna abolito eo, quod ex
parte erat, Deum a facie ad faciem visuri sumus: sic cognos-

15ff. Am Rand: Augustin; in psalm. 119, 1 (?).

cemus etiam nos mutuo, ita ut omnes omnibus, et singuli
singulis futuri simus notissimi.

† 5. *Habesne assertionis huius tuae firma et immota fundamenta?*

Habeo maxime. Nam in altera illa vita restaurabitur
plenissime Imago illa Dei, ad quam primus homo erat con-   5
ditus, quae inter reliqua, perfectam etiam sapientiam et
cognitionem in se continebat. Quemadmodum ergo Adamus,
vi Imaginis huius statim cognovit Evam, quam prius non
viderat: ita et nos virtute Imaginis huius in nobis restauratae,
cognoscemus singulos et universos, quantumvis hac in vita   10
nobis neque visos neque cognitos.

Deinde exemplum huius rei videre licet in historia trans-
figurationis Christi: Ubi Petrus statim cognovit Mosen et
Eliam, nunquam antehac visos; cum exiguum tantum gustum
vitae aeternae perciperet. Luc. 9, 32. et 33.   15

Tandem nisi hoc concedatur, sequetur cognitionem huius
vitae praestantiorem fuisse cognitione alterius vitae: id quod
absurdum.

* 6. *Futurine sunt certi gradus beatorum in vita aeterna?*

Distinguendum est inter vitam aeternam, prout hactenus   20
aliquatenus ea est descripta: et inter Gradus gloriae. Quoad
vitam aeternam, nulla prorsus erit distinctio, sed omnibus
credentibus ex aequo ea futura est communis. Caeterum
quoad Gloriam sive claritatem corporum Beatorum, distincti
erunt gradus. Nam *qui docti fuerint, fulgebunt quasi splendor*   25
Firmamenti, et qui ad iustitiam erudierunt multos, quasi stellae
in perpetuas aeternitates. Dan. 12, 3.

1. Cor. 15, 41. *Alia est claritas Solis, alia claritas Lunae,*
alia claritas stellarum: stella enim a stella differt claritate: sic
et Resurrectio mortuorum.   30

Caeterum hi ipsi gradus gloriae, non ex merito aut dignitate laborum, sed ex libero Dei dono et gratia dependebunt:
qui sua dona in sanctis suis coronare solet.

* 7. *Annon Gaudium vitae aeternae contaminabitur ex eo, quod Beati*
multos suorum coniunctissimorum in Inferno torqueri videbunt?   35

Minime vero: Nam Beatorum voluntas per omnia erit
conformis voluntati divinae. Deinde affectus huiusmodi car-

nales, qui hac in vita Infirmitatis nostrae sunt indicium,
omnino cessabunt in altera illa vita: ubi omnis noster amor,
tantum erga eos se extendet, quos DEUS ipse sibi habet
charos, haeredesque aeternae vitae constituit. In damnatis
5 vero summam DEI Iustitiam summe et admirabuntur, et
aeternum celebrabunt.

SOLI DEO
GLORIA

[6]